J. JOSSELIN

Le Problème

de

la Vie Éternelle

Essai de solution rationnelle

L'Esprit évolue perpétuellement et
périodiquement de la somnose à l'apothéose.

2 francs

PARIS

LIBRAIRIE DES SCIENCES PSYCHIQUES

P. LEYMARIE, ÉDITEUR

42, RUE SAINT-JACQUES, 42

—

1913

Le Problème de la Vie Éternelle

Essai de solution rationnelle

J. JOSSELIN

Le Problème

de

la Vie Éternelle

Essai de solution rationnelle

L'Esprit évolue perpétuellement et
périodiquement de la somnose à l'apothéose

2 francs

PARIS
LIBRAIRIE DES SCIENCES PSYCHIQUES
P. LEYMARIE, Éditeur
42, RUE SAINT-JACQUES, 42

1913

LE

Problème de la Vie éternelle

INTRODUCTION

I

Loi fondamentale de polarisation. Évolution, apothéose et somnose

Celui qu'intéresse le devenir de l'être mortel que nous sommes, le penseur, le philosophe, doit choisir entre le néant du matérialisme et les hypothèses du spiritualisme. S'il ignore les préjugés d'école et si, parvenant à se dégager momentanément de toute sentimentalité, il se laisse guider uniquement par la raison, ce choix sera difficile. Et cette difficulté d'option se traduira souvent par un état d'esprit où l'indifférence et le scepticisme domineront. Si, d'un côté, le matérialisme ne formule contre l'immortalité de l'âme que des arguments insuffisants et plutôt puérils, le spiritualisme, d'autre part, même le plus moderne et le mieux adapté à nos connaissances actuelles, ne s'impose pas par des preuves matérielles. Et on doit convenir qu'en ce qui concerne les conditions rationnelles de cette survivance psychique, tous les systèmes sont incomplets ou manquent plus ou moins de clarté et de logique. Est-il donc impossible d'accorder ensemble la raison, la science et la perpétuité de l'identité individuelle de l'âme d'une manière assez parfaite pour qu'aucune objection sérieuse ne puisse rompre leur enchaînement. S'il est téméraire de le tenter dans l'état actuel de nos connaissances, cette tentative peut avoir quelque utilité, car la philosophie n'est pas une œuvre achevée ; elle est, au contraire, en pleine édification, et toute idée nouvelle et rationnelle contribue à lui donner plus de grandeur et de force.

Il est évident qu'un système philosophique visant à être clair et véritablement utile, devra s'inspirer surtout de ce qui est réel et bien défini, repousser les concepts purement négatifs ou nébuleux, baser ses raisonnements sur des données exactes et les conformer rigoureusement à la logique. Il convient que le philosophe évite de pousser l'abstraction jusqu'au point où elle ne devient plus qu'une inintelligibilité dissimulée par des mots, tout en cherchant à dessiner, à suggérer une image aux contours bien arrêtés de l'objet de ses spéculations. S'il observe les lois psychologiques qui règlent les conditions de l'entendement, ces images spéculatives pourront n'être que des symboles, elles n'en seront pas moins une représentation de la vérité aussi exacte que nos facultés humaines peuvent se la permettre, pourvu qu'elles s'accordent avec les faits et avec la raison.

Partant de là, nous nous appuierons, pour maintenir notre discussion dans les limites et la direction qu'il est désirable de lui donner, sur un principe fondamental que nous allons essayer de préciser.

La base sur laquelle l'intelligence échafaude toutes ses opérations peut se résumer en deux mots : analogie et différence. Et l'analyse des relations qui existent entre les termes de cette base révèle certains caractères par lesquels la nature de la conscience se réflète clairement. On reconnaît, dans cette opposition entre des principes, des concepts, qui néanmoins se définissent en se complétant mutuellement, une forme fondamentale de la connaissance qui apparaît comme une véritable polarisation.

Nous appellerons donc polarisation psychique ce terme ultime de toute analyse, cette dualité particulière qu'il est impossible de réduire à l'unité absolue.

Dans la polarité psychique, comme dans toute autre, nous remarquerons que les deux termes ou pôles doivent être actifs. C'est ainsi, par exemple, que la vertu a pour opposé le vice et non pas une neutralité indéfinissable par elle-même, comme dans un autre ordre d'idée, montagne a pour opposé vallée et non plaine. Les pôles opposés participent nécessairement de la même nature de choses, de faits ou d'idées, et leur égalité qu'exige la loi de polarisation implique qu'ils s'engendrent mutuellement et réciproquement, ou bien qu'ils ne peuvent être engendrés l'un par l'autre ou l'un sans l'autre.

Cette polarité semble bien se manifester en tout ce que la conscience peut atteindre. Rien n'est unique et isolé ; tout a sa contre-partie nécessaire. Et ce n'est pas qu'une simple figure de rhétorique lorsqu'on dit que les contraires s'attirent, que les extrêmes se touchent, que toute médaille a son revers. On exprime ainsi une loi fondamentale et universelle. L'arbre baigne ses rameaux dans l'air et la lumière, et plonge ses racines dans la terre obscure ; le corps de l'homme s'agite dans le monde matériel, et son esprit s'envole dans l'idéal. Le mouvement trouve sa mesure dans l'immobilité et celle-ci n'est décelée que par le mouvement. Dieu lui-même a comme pôle opposé : dans sa conscience synthétique et immuable, la conscience analytique et mobile de l'esprit ; dans sa nature immatérielle, l'immense monde de la matière. Et comme une ligne courbe engendre dans un plan à la fois une convexité et une concavité, la conscience se meut entre un double aspect des choses et de la pensée.

Toute polarisation comporte en même temps une orientation. Et toute polarité orientée, qu'on la considère dans le temps, dans l'espace ou dans la conscience est inséparable d'une individualité physique ou psychique. L'amorphe est un néant par définition qui a comme pôle opposé cette réalité : l'individualité en même temps polarisée et orientée.

S'il en est ainsi nous devons trouver la polarisation à la base même de la conscience. Celle-ci a comme pôles, en effet, l'intelligence et la sensibilité, ou plutôt la sentimentalité [1] qui en est la forme psychique ; et son unité individuelle est inséparable de sa polarité. Ce n'est pas sans raisons que

1. Il faut définir ce que nous devons entendre par ces mots : sensibilité, sentimentalité.

L'excitabilité est une réaction déterminée chez l'être vivant par l'action d'une force extérieure et qui est suivie de perception consciente, ou de simples réflexes inconscients.

La sensibilité est la faculté par laquelle l'être vivant connaît, ressent l'excitation. La sensation est toujours accompagnée de conscience, le degré de clarté de celle-ci étant d'ailleurs très variable.

La sentimentalité est la faculté de l'âme par laquelle celle-ci reçoit de la sensation des impressions engendrant l'émotion ; le sentiment modifie la sensation en y ajoutant des impressions qui s'harmonisent avec celle-ci. Ne pas confondre avec le sens ironique de ce mot.

les profonds penseurs, qui firent de Dieu unique la base des religions les mieux conçues, furent contraints de lui attribuer plusieurs personnalités équivalentes. Cette trinité conscience individuelle, intelligence, sentiment, est indissolublement liée par les conditions mêmes de l'intelligibilité ; car celle-ci s'arrête, dans l'analyse, à une distinction irréductible entre le sujet et l'objet de la connaissance, établie par cette conscience individuelle.

Il semble pourtant qu'il serait possible de réduire cette dualité rebelle à l'unité absolue, en admettant que celle-ci réside dans la conscience et se perçoit elle-même. Elle serait donc, par conséquent sujet et objet. En y réfléchissant, on ne tarde pas à reconnaître que cette possibilité n'est qu'une illusion due à ce que nous imaginons une partie du sujet percevant l'autre partie, de la même manière que par les yeux nous percevons notre corps. Mais en réalité une perception directe du sujet par lui-même est pour nous inconcevable.

Il est vrai que par suite de la polarisation, chacun des pôles de la conscience pourrait avoir connaissance de l'autre ; le circuit polarisé serait alors fermé sur lui-même et n'aurait pas de relation extérieure, comme un aimant muni d'une armature de fer doux n'a plus de force attractive. Mais cette perception repliée sur elle-même, qui ne correspond qu'au pur sentiment du moi, ne peut être qu'un état inférieur, plutôt latent ou potentiel que conscient ou actif. La conscience se possède le mieux en s'oubliant elle-même, dans la prise de possession par les sens du monde extérieur. Elle saisit alors dans les choses comme un reflet d'elle-même, qui se marie à la sensation objective par une sorte de phénomène d'influence, d'induction psychique, analogue à l'induction électro-magnétique.

Ainsi, l'unité absolue n'existe pas. L'individualité qui semble la réaliser n'est rien sans la conscience et celle-ci, comme tout ce qui existe, est
inséparable d'une polarité. Le caractère de polarisation est fondamental dans tout ce qui est intelligible, dans l'élément psychique comme dans l'élément matériel. C'est une base qui a la solidité du
roc et qui permet de déterminer, d'après les relations constantes qu'elle exige, des rapports inconnus ou mal définis existant entre tout ce qui diffère ou se ressemble.

Toute doctrine spiritualiste aboutit nécessairement à cette polarité psychique fondamentale : Dieu
et l'âme, ou plutôt l'esprit.

Dieu, dans cette doctrine, est toujours l'être
parfait, suprême, réalisant toutes les modalités morales de la vie. Pour nous, Dieu sera aussi immuable,
mais dans le mouvement qui constitue la pensée.
La vie de Dieu sera dans la conscience unificatrice
universelle, s'étendant à tout ce qui est, a été, et
sera. Il est l'individualité toute-puissante, sugges-
trice et spectatrice de la vie générale.

Nous ajouterons qu'à notre point de vue, l'âme,
individualité particulière et plurale, exécutrice, ac-
trice de la vie dans l'évolutif et le multiple, possède la conscience intégrale et la perfection à l'image
de Dieu. Mais cette perfection et cette conscience
ne participent de la puissance et de l'étendue de
la conscience divine que pendant certaines époques
de l'évolution périodique et perpétuelle qui constitue l'existence normale de l'esprit. Dieu et l'âme
sont et ont toujours été leur mutuel objectif, dans
la plus haute expression de l'amour.

L'âme immatérielle n'acquiert la conscience claire
et précise, l'intensité du sentiment, que par l'ad-
jonction d'un organisme auquel elle s'identifie. Elle
peut ainsi, dans ses diverses transformations, faire

varier la conscience entre des limites très étendues, et aller momentanément jusqu'à l'inconscience totale, sans cesser de conserver un contact physique permanent avec le monde extérieur. L'organisme lui permet d'enregistrer dans la mémoire les actes qu'il lui importe de se rappeler, et d'agir sur la matière pour créer les diverses modalités de la vie. Cet organisme fondamental, auquel on a donné différents noms : corps astral, corps fluidique, péresprit, nous le désignerons sous le nom qui nous semble plus expressif de sa nature et plus simple d'*étheral*. C'est donc à l'individualité psychique élémentaire et plurale complète : âme et étheral, que nous donnerons le nom d'*esprit*. L'esprit est à la nature vivante et consciente ce que l'atome d'éther est à la matière. Tous deux sont la base permanente, indestructible, dans le pôle partiel qui s'oppose au pôle universel, de tout ce qui existe.

On connaît sous le nom de morale l'ensemble des principes par lesquels les relations de ces éléments psychiques entre eux se maintiennent dans l'ordre, la concorde et l'harmonie. Nous devons faire remarquer que la morale parfaite n'est pas une conception arbitraire ; elle a une valeur absolue, pour ainsi dire mathématique, en ce qu'elle seule peut assurer dans un groupe, une société d'êtres vivants et conscients, le maximum de bien et le minimum de mal. Elle y réussit par les lois de la justice et de la solidarité, par celles de l'affection, de la sympathie, qui sont pour la conscience ce que les lois physiques sont pour la matière. Pour qu'une morale ait une autorité réelle sur la conscience, il faut d'ailleurs que celle-ci reconnaisse en elle un principe de justice absolue, qui devient alors la plus sûre et la plus concrète représentation de la Divinité.

La polarité psychique suprême, qui embrasse

Dieu et l'âme, ne peut être qu'éternelle. L'âme est donc incréée comme elle est aussi parfaite. L'idée de création, à laquelle on applique la loi de polarisation, entraîne inévitablement celle de son inverse, la destruction. Si la création est perpétuelle et constante, elle le fut toujours et alors le sens et la définition de ce mot sont contradictoires. La création perpétuelle, cet enfantement à jet continu du réel par le néant, est une de ces conceptions au fond inintelligibles, comme le sont l'unité, l'infini considérés comme absolus, c'est-à-dire comme étant hors du temps, de l'espace et du principe indéfectible de polarisation. L'absolu intégral n'existe pas, et ces verbes creux du langage philosophique ne servent qu'à transformer celui-ci en pathos énigmatique, qui n'a rien de transcendant. Il est infiniment plus logique de penser que ce qu'il y a d'essentiel dans la nature est indestructible et le fut toujours, et que la somme universelle, le nombre des individualités fondamentales. ne varie pas. Seules naissent et s'évanouissent, pour nous, les formes cinématiques de l'activité consciente et de l'activité matérielle, dont l'inextinguible mouvement s'appelle la vie.

La vie est un rythme, et ne peut être que cela. De même que notre activité mentale et physique cesse et reprend périodiquement, celle de la nature entière obéit à la même loi. En dehors des périodes de travail, il y a un sommeil de la matière comme il y a un sommeil de l'âme ; et, qui sait ? peut-être aussi un sommeil de Dieu. Il n'en serait pas moins immuable, relativement à l'éternelle durée, par la constance dans la succession de ses aspects et par leur régularité ; et l'immuabilité absolue n'appartiendrait qu'au néant.

Par cette propriété de la vie consciente, d'être intermittente sans rompre l'identité de l'être vivant, il devient possible d'accorder la perfection de l'esprit, qui vit en nous, avec notre personnalité actuelle qui en diffère si évidemment. Elle peut aussi nous expliquer le mutisme de notre mémoire relativement au passé antérieur à notre existence actuelle. L'esprit dont l'apparente imperfection se montre dans nos actes ne possède pas la plénitude de ses facultés, dont une partie lui fait complètement défaut. D'autre part, son évolution ne peut que l'astreindre, de transformation en transformation, à s'adapter aux divers milieux qui composent l'univers. Comme ces milieux sont en nombre limité, l'évolution ne peut être infinie en durée, et nous devons en conclure que, dans la vie perpétuelle de l'esprit, elle se répète indéfiniment en ce qui concerne ses phases essentielles.

Il y a donc un flux périodique de la vie psychique, allant d'un niveau inférieur, évidemment très rapproché du point que nous occupons, à un niveau supérieur qui touche non moins évidemment à la perfection complète. Arrivé à ce sommet, l'esprit, partout identique à lui-même dans sa multiplicité, ne conserve plus de son individualité que son organisme éthéral qui, indestructible, le maintient dans l'espace par la situation qu'il y occupe, et dans le temps par la mémoire qu'il conserve du passé. Mais, dans l'âme, il n'y a plus qu'un point de vue unique, celui de l'absolu réel, c'est-à-dire, de la divinité immuable.

La conscience ne vit que par le mouvement. Les lois psychologiques qui règlent en elle, en tout temps et en toutes circonstances, l'activité extérieure, imposent à cet aboutissement à l'immobilité psychique, l'inconscience inéluctable. Or cette inconscience ne peut être que la mort ou le sommeil, ou si l'on veut une anesthésie d'un ordre particulier. Indestructible par essence, l'esprit ne peut donc qu'aboutir, non pas à la fusion en Dieu du panthéisme, ni à l'éternel cantique d'actions de grâce du christianisme, mais à une sorte d hypnose, de sommeil psychique, que nous désignerons par le néologisme de *somnose* [1]. La totalité des facultés psychiques actives est alors oblitérée, et c'est dans cet état que les lois psychologiques et physiologiques ramènent l'esprit au point de départ d'une nouvelle évolution.

Il se produit ensuite, pendant la désomnose, un réveil graduel plus ou moins rapide. On conçoit que les débuts de ce réveil s'opérant avec un minimum de conscience et de mémoire, doivent coïncider inévitablement avec un état de trouble mental qui explique la souffrance morale et qui ne permet pas d'éviter la souffrance physique. Mais par cela même, l'esprit se dégage de l'uniformité acquise avec la perfection ; et par la reconstitution laborieuse et pénible de son individualité morale, il prouve sa dignité et son droit au bonheur. Un univers peuplé d'éternels jouisseurs éveille en nous un sentiment de mépris. Et il faudrait bénir la douleur d'avoir fait éclore cette fleur de l'âme, expression la plus belle et la plus pure de l'amour, la pitié.

L'imperfection des organismes matériels, en isolant l'esprit d'un certain nombre de forces excitatrices de la mémoire psychique, subordonne en partie la désomnose au perfectionnement de cet organisme, dans la période de début. Nos corps vivants sont comme une retraite obscure et silencieuse, où

---

1. Du latin somnus, sommeil. Nous appellerons ensomnose la période de déclin de la conscience intégrale et désomnose la période opposée, de réveil psychique.

Dans la vie perpétuelle de l'esprit, chaque période d'évolution suivie de somnose pourrait recevoir le nom de cycle somnosal. Le nombre de ces cycles est donc infini.

le sommeil de l'âme n'est troublé que par les rêves de nos vies rudimentaires. Bien des personnalités inférieures qui vivent ces rêves sont véritablement mortelles, car elles ne doivent laisser dans l'esprit aucune trace de leurs turpitudes. Seul subsiste d'elles, toujours, ce qui est normal, c'est-à-dire moral.

La durée de la désomnose est aussi, dans une certaine mesure, dépendante de l'esprit lui-même. Mais elle doit être, comme tout réveil, très courte relativement à la durée de la période d'activité entièrement consciente.

Dans celle-ci, désormais vouée surtout au bonheur, l'esprit doit posséder la certitude de son immortalité, et chacune de ses existences se relierait au passé et à l'avenir par des souvenirs précis, surtout affectifs, et par des prévisions scientifiquement sûres, appliquées seulement à une vision directrice de la vie. Par un oubli complet des détails purement contingents et secondaires des existences passées, la vie conserverait pour lui la large part d'imprévu, d'inconnu, de mystère, sans laquelle elle dégénérerait en un perpétuel ennui, ou en inconscience. L'esprit désomnosé vivrait donc alors en communion morale complète avec ses semblables, et entouré de tous ceux que l'affection rapproche plus particulièrement de lui.

Nous avons dit comment l'esprit, parvenu à cette apogée de perfection, à ce terme infranchissable de son évolution, ne pouvait s'y maintenir indéfiniment, en tête à tête avec tout ce qu'il y a de permanent dans la nature et avec Dieu. La somnose, à laquelle aboutit chacune de ses apothéoses, le ramène alors au début d'une nouvelle série d'existences.

Nous allons maintenant développer ce résumé.

II

Les religions. Critique du christianisme

Peu d'hommes, même parmi ceux qui réfléchissent rarement sur leur destinée, ont vécu sans éprouver à quelque moment le désir de l'immortalité, sans avoir eu, devant la disparition d'un être affectionné, un élan vers une vie idéale d'où la mort serait exclue. C'est de ce désir, de cet élan, que sont nées les religions.

Les premiers pasteurs qui purent vivre en paix dans les solitudes, rêver sous le beau ciel étoilé des nuits d'Orient, furent les fondateurs de la philosophie. Puis vinrent des hommes de haute intelligence, à l'imagination puissante secondée peut-être par des dons psychiques particuliers, et qui coordonnèrent en doctrines les vagues intuitions des premiers penseurs. A des peuplades à demi barbares, ces premiers apôtres, ne possédant d'ailleurs que des connaissances très rudimentaires sur la constitution de l'univers, imposèrent leurs lois morales et sociales en attribuant leur élaboration à ces puissances mystérieuses que l'âme humaine entrevoyait dans ses rêves. L'humanité primitive environnée d'inconnu, sentant, peut-être avec raison, la vie et la conscience en tout, était forcément crédule. Elle s'inclinait devant tout ce qui paraissait miraculeux. Aussi les dieux, ou plutôt ceux qui s'arrogèrent le droit de parler en leur nom, usèrent-ils largement du miracle. Et partout, l'aurore des civilisations fut marquée par l'essor de la crédulité religieuse.

Les doctrines primitives, d'abord simples, furent peu à peu étendues, compliquées. Aujourd'hui nous les voyons admises et plus ou moins pratiquées par un grand nombre d'hommes. Malgré leurs imperfections, elles conviennent encore à certaines intelligences privées de sens critique, et par la rigidité morale de certains de leurs dogmes, servent de frein aux passions violentes. Mais leur utilité sociale, qui fut indéniable, est en décroissance, le nombre de ceux qui leur obéissent réellement devenant de plus en plus restreint. Dans nos sociétés modernes, ces doctrines imparfaites non seulement sont souvent inutiles, mais nuisibles, en ce qu'elles retardent la diffusion de philosophies qui présentent un caractère plus élevé de rectitude morale et intellectuelle.

Les religions basées sur la révélation ont, en effet, enfoui la morale pure, naturelle, sous un amas de pratiques puériles sinon ridicules, de dogmes dont beaucoup sont erronés et quelques-uns même immoraux. La critique de ces dogmes est d'autant plus légitime que leur antagonisme avec les données plus empreintes de certitude de la science, avec les idées modernes de tolérance, aboutit à la disparition du sentiment religieux chez un grand nombre d'hommes, ce qu'il faut regretter.

Ce sentiment, qui est précieux en lui-même, est exposé par l'imperfection des dogmes, à s'altérer même chez ceux qui y sont le plus sincèrement attachés. Pour le croyant, l'immortalité de l'âme deviendrait souvent une source de terreurs plutôt que d'espoirs, si les religions ne s'étaient ingéniées à le tranquilliser par l'intervention du prêtre. Beau-

coup de dévots, d'ailleurs, n'ont de religieux que
le nom ; et au lieu de compter fermement obtenir
le pardon de leurs fautes par l'observation facile
de quelques rites dépourvus de valeur morale, ils
feraient bien de réfléchir à ceci : Comment Dieu,
seul qualifié comme haut justicier, car il a seul connaissance des causes et des responsabilités réelles,
a-t-il pu déléguer le pouvoir de pardonner à des
hommes qui ne se différencient en rien de beaucoup
de sceptiques, au point de vue du savoir, de l'intelligence et de la bonté ?

Mais au fond de leur conscience, bien peu de ces
croyants ont une confiance absolue, et ceux qui
abandonnent cette vie avec allégresse, convaincus
que le bonheur éternel les attend, sont plutôt rares. Malgré leurs affirmations si positives d'immortalité et de félicité, aucune des religions n'a osé
célébrer comme un jour bienheureux celui du départ du plus saint des défunts pour le séjour éternel, parce que ceux qui le pleurent ne sont pas
absolument convaincu de ces affirmations. Et pourtant, si la certitude absolue de l'immortalité nous
était acquise, ce serait bien un jour de fête celui
qui nous délivrerait des maux terrestres pour nous
donner le pur bonheur sans fin. Tout au plus la
joie de ceux qui restent serait-elle tempérée par
l'idée d'une courte séparation, comme elle le serait
au départ d'un voyageur allant attendre dans une
délicieuse contrée l'arrivée prochaine de ceux qu'il
quitte momentanément.

Ainsi le doute subsiste, en germe, au fond du
cœur de beaucoup de gens qui s'inclinent devant
les enseignements des religions. D'un autre côté
toutes les puissantes raisons que la philosophie
accumule en faveur de la perpétuité de l'âme individuelle ne sont pas à la portée de toutes les intelligences. La science, avec ses méthodes positives,

n'est pas davantage en mesure de se substituer
à la religion, en admettant qu'elle puisse la remplacer. Elle est encore beaucoup trop incomplète.
Nous traversons donc une époque critique plutôt
pénible, pendant laquelle ceux qui ont perdu la foi
religieuse sont exposés au scepticisme le plus entier. Un intérêt social évident s'attache à l'abrévia-
tion de la durée de cette période de transition, et
à la conservation, dans l'idéal humain, d'un objectif supérieur, n'ayant d'autres limites que la perfection.

C'est à la raison surtout, aidée de la science issue
d'elle, que nous devons demander d'éclairer la marche de l'humanité vers ses destinées futures. C'est
elle qui bat en brèche tant de dogmes vieillis, que
toutes les subtilités de la scolastique ne parviennent pas à maintenir, et qui va guider notre critique. Celle-ci ne s'adressera pas à plusieurs religions ; la place qu'elle tiendrait dans cette discussion
serait exagérée, et il faudrait d'ailleurs avoir sur
toutes une érudition qui nous fait défaut. Elle n'en-
visagera que la seule religion chrétienne, d'abord
parce que celle-ci est une des plus répandues et
qu'elle est plus ou moins professée par les peuples
les plus avancés en civilisation, parmi lesquels nous
vivons ; ensuite parce que, de ce fait, nous avons
directement l'expérience de ses défectuosités ; enfin
parce qu'un certain nombre des arguments qui lui
sont opposés auront une égale valeur pour d'autres
religions.

Cette critique s'étendra principalement sur les
dogmes principaux : création *ex-nihilo*, nature de
Dieu, péché originel et rédemption, paradis et enfer,
liberté et grâce divine, aussi bien que sur les actes
attribués à Dieu dans l'histoire religieuse et sur
les conditions du jugement à porter sur les actes
humains.

Commençons par la création. Dieu, dit-on, a créé
le monde de rien ; il l'a tiré du néant. Ce seul
énoncé de l'origine de l'univers suffit à éveiller le
doute dans tout esprit libre et positif. Le raisonnement ne fait que confirmer et accentuer l'idée
qu'il y a dans cette proposition dogmatique une
erreur.

Qu'entend-on par néant ? Ce mot négatif peut-il
s'appliquer à quelque chose de réel ? Le néant intégral, cet inexpressible qui n'aurait et ne pourrait
avoir aucun rapport avec quoi que ce soit, ni dans
le temps, ni dans l'espace, ne serait pas encore
absolu. Il suppose encore, pour le devenir, l'absence
de la conscience, ce qui le rend complètement inintelligible.

Si à la place d'une conscience perceptrice nous
mettons un Dieu tout-puissant, il en sera de même.
Le néant absolu est imperceptible par définition,
même par Dieu et alors il n'existe que si Dieu lui-
même n'existe pas. S'il peut être perçu par Dieu, il
n'est plus le néant et à plus forte raison si Dieu
peut en tirer quelque chose. Il n'est alors qu'une
sorte de potentiel particulier, donc conditionné et
préexistant, et Dieu en le modifiant ne tire pas le
monde de rien. Ainsi cette expression inintelligible
en elle-même ne peut avoir aucune signification
réelle et elle ne sert, dans le cas envisagé, qu'à
communiquer son obscurité à l'idée d'un Dieu qui
serait en relation avec elle.

Que faisait donc Dieu avant qu'il créât le monde?
Et comment expliquer qu'une nécessité, une volonté
de cette création se soit manifestée? Dieu, que les
théologiens ont voulu immuable et qui doit l'être,
ne l'est-il donc pas, comme il est éternel et infini?
Il l'est, réplique-t-on, précisément parce qu'il est
éternel et infini. Il n'y a pour lui ni avant, ni après
la création ; ni temps, ni espace. Il est hors de tout

ce qui fait notre vie. Et pourtant il perçoit tout.

Ce Dieu des théologiens est en réalité absolument inaccessible à l'intelligence. Dès lors, s'il échappe à notre compréhension, c'est en vertu de sa volonté et il ne peut pas nous imposer de croire en lui, puisqu'il s'est mis hors de notre portée. S'il nous inspire la foi aveugle en nous donnant aussi la raison, il nous voue par cela même à l'incohérence, et nous pouvons aussi l'en accuser.

Du reste, cette définition de la nature du Créateur, trop abstraite, pèche par la base, car cette expression d'un de ses attributs : hors du temps et de l'espace, ne signifie rien.

Pour être hors du temps, il faut d'abord que le temps existe ; et en même temps, il faut ne rien avoir de commun avec lui, pas même le percevoir. Dieu par la création, n'a pu qu'entrer dans le temps et il y a en lui quelque chose qui n'y était pas auparavant. Il n'était pas complet ; donc il n'était pas Dieu, tel qu'on le définit. Il ne peut être hors du temps que si le temps est aussi hors de lui, et par conséquent il n'en serait pas le créateur, non plus que de l'univers, puisque celui-ci est dans le temps.

Dieu, d'ailleurs, rationnellement, ne peut vivre, c'est-à-dire penser et agir, que dans le temps; et la véritable éternité est celle des successions semblables. La vie est inséparable du mouvement et celui-ci est dans le temps et dans l'espace Dieu vivant ne pourrait être en dehors, non du temps mais de la durée, que par intervalles. Et alors la création devrait s'entendre comme un état actif de lui, succédant à un état passif, dans lequel, peut-être, l'univers s'immobiliserait dans une sorte de sommeil, de résorbtion, pour renaître ensuite. Cette renaissance périodique, conforme à la loi de polarisation, n'est plus une création. Toute idée de néant disparaît avec celle-ci et avec ces absurdités inintelligibles :

Eternité hors du temps, c'est-à-dire indéfini sans temps ; infini hors de l'espace, c'est-à-dire indéfini sans étendue ; Dieu pur esprit, c'est-à-dire informe, inorganisé, absolument immatériel et immuable parce qu'il n'est rien pour la conscience comme pour la matière. Ce néant-dieu impossible, tirant le monde du néant absolu, c'est-à-dire de lui-même, doit disparaître.

Comment croire, d'ailleurs, qu'un Être tout-puissant, cherchant dans une œuvre grandiose sa propre glorification, aurait piteusement abouti à une création qui serait imparfaite, avortée, si nous acceptons l'idée qu'on voudrait nous en donner. Quel motif pourrions-nous raisonnablement découvrir à cette soudaine activité de Dieu? S'ennuya-t-il un jour d'être seul et cessa-t-il de se complaire *dans sa propre adoration?* Mais alors il n'y a aucune raison pour que dure toujours cette sorte de caprice. Dieu, lassé d'entendre le sempiternel concert de nos louanges ou nos plaintes continuelles, finira certainement par retourner à sa solitude, en nous rendant au néant d'où il nous a tirés.

Nous le répétons, cet acte générateur n'est ni intelligible, ni logiquement possible. Car comment admettre, sans absurdité et contradiction, que l'éternité qui en Dieu était hors du temps, ait maintenant une origine, un commencement ; et qu'elle ait un avenir sans avoir eu de passé, dans l'âme humaine et dans la matière, pour la récompense et le châtiment. Mais le passé et l'avenir sont inséparables ; ils sont de même nature ; ils ont entre eux, parce qu'ils sont réels et par rapport à la conscience, une relation de polarité. Et l'être qui aurait comme passé le néant l'aurait aussi comme avenir, car le néant, s'il existait, serait la seule unité absolue, affranchie de la loi de polarisation.

Non, aucun Dieu ne peut donner l'existence au

néant sans se confondre avec lui en entraînant l'univers dans son suicide. Rien ne peut *devenir* éternel ou immortel ; il faut l'être ou ne pas être. Et comment devons-nous donc comprendre l'éternité ? Ce n'est que par la loi indéfectible de polarisation que nous pourrons le savoir. L'éternel, c'est l'opposé du temporel. L'existence de celui-ci est pour nous certaine car nous vivons en lui, par lui, et par cela même, nous devenons certains de l'existence d'un pôle opposé dont nous n'avons que l'idée sans avoir la perception. Mais l'éternel et le temporel se définissent, se complètent, s'engendrent mutuellement. Le premier ne peut donc être que la succession indéfiniment répétée des modalités du second, qui, elles-mêmes, participent de l'éternité par cette durée sans fin. Or l'éternité est dans le passé comme dans l'avenir et tout ce qui est a donc toujours été [1].

L'expérience nous donne une définition directe et claire du temporel : c'est ce qui apparaît, croît, puis décroît et disparaît. C'est, schématiquement, une ondulation, une vibration, perpétuellement répétée sous des apparences diverses.

L'élément temporel a donc un *point mort* supérieur, qui coïncide non pas avec l'apparition, la naissance, mais avec la limite de la croissance, de la vie ascendante ; et un point mort inférieur, limite du déclin. Ces deux points sont une brève immobilité ; et pour nous le point inférieur apparaît comme une destruction ; c'est la mort. Mais si la mort est une destruction totale, un anéantissement, la loi de polarisation exige que le point supérieur soit une création ; or, il n'en est rien. Donc le déclin ne peut se terminer par une destruction ; il n'aboutit qu'à une suspension momentanée de l'activité, un équi-

1. Sous sa forme essentielle, évidemment.

libre, un court repos. Le principe d'éternité exige aussi qu'il existe dans le temporel une continuité. Et tout ce qui est l'essence de la vie, l'énergie psychique avant tout, est indestructible et le fut toujours.

Ainsi, la philosophie rationnelle repousse formellement le dogme de la création. L'univers est éternel, puisque nous constatons son existence et qu'il n'a pas été anéanti par un passé sans limites. Il l'est, non dans le mouvement de ses formes qui changent et vivent, mais dans ces formes elles-mêmes qui, au fond, demeurent immuables. En nombre fini, par leur répétition dans le temps et leur détermination réciproque, elles participent toutes de l'indestructibilité. Cette éternité universelle, constatée directement, n'a pas besoin d'explication; elle est un fait. Et de ce fait, nous concluons avec certitude à l'éternité de Dieu et de l'âme. Représentation vivante de la plénitude de l'être, dans sa plus haute conceptibilité morale et intellectuelle, Dieu n'aurait pu d'ailleurs exister dans l'ignorance, même d'un seul instant, de ce sentiment qui domine toute la vie : l amour ¹. Or, l'amour entraîne une dualité, et dans sa plus sublime expression, l'égalité dans cette dualité, en un mot, la polarité. Il y a donc entre la divinité, individualité universelle, et l'esprit, individualité partielle, un lien d'amour qui ne peut être qu'éternel, et qui unit indissolublement les deux formes complémentaires de la perfection.

Ce Dieu n'est pas le même que celui de la formule théologique chrétienne. Celle-ci, qui a déclaré le sien inaccessible pour faire accepter son inconcevabilité, en fait pourtant, par une absurde et

---

1. Amour est pris ici dans le sens d'affection portée au plus haut degré. L'attraction sexuelle qu'on désigne vulgairement par ce nom n'est qu'une parodie plutôt bestiale de l'amour idéal.

énorme contradiction, un être anthropomorphe à
l'excès, car les défauts de l'homme ne lui seraient
pas étrangers. Il suffit de sa conduite envers ce
dernier, telle que la dépeint l'histoire religieuse,
pour faire de lui une divinité non seulement imparfaite, mais immorale, ce qui est le dernier degré
de l'impiété.

Que dit donc cette histoire, et quelle serait notre
destinée, d'après le christianisme ? L'homme, dit-
il, fut créé par Dieu pour le connaître, l'aimer, le
servir, et par ce moyen, acquérir le bonheur éternel ; il fut créé libre.

Ainsi Dieu, en créant l'homme, avait un but clair
autant que bien défini, et pour un ouvrier tout-puissant, ça ne devait être qu'un jeu d'en arriver à ses
fins. Erreur profonde ; l'homme, grâce à ce mot
libre, échappe à son créateur. Alors quelle nécessité y avait-il de le prononcer ? Dieu ne pouvait-il
pas, tout au moins, mettre sa créature affection-
née (?) en garde contre les pièges qui allaient lui
être tendus par un démon dont on cherche vaine-
ment à mettre l'existence en accord possible avec
celle d'un Dieu bon et tout-puissant ? Ce qui est
étrange aussi, c'est que l'homme profita de cette
liberté pour désobéir à Dieu, alors qu'il ne put devoir son caractère indiscipliné qu'à son créateur.
Et quelle idée peut-on se faire d'un Dieu, qui pour
un péché surtout de curiosité, bien excusable chez
des ignorants, condamne ces malheureux à la souffrance et à la mort.

Incohérences et absurdités sont déjà de trop.
Mais le pire est qu'il ne se contente pas de formuler cette sentence déjà atroce. Il étend sa sévérité
implacable sur toute la postérité de l'homme, qui
n'était pour rien dans le péché. C'est tout simplement odieux, un comble d'iniquité, et on ne peut
s'étonner, après cela, que des peuples conflts en

dévotion pratiquent la vendetta sans remords en se disant chrétiens.

C est ainsi que l'homme aurait appris à connaître son créateur. La souffrance et la mort, dans laquelle il aurait pu trouver le repos, ne suffisaient pas. Dieu conserve à cette âme qu'il a tirée du néant l'immortalité, en lui promettant le retour au paradis pour récompense d'une courte vie conforme à ses lois, et un châtiment éternel si elle tente de s'y soustraire. Et c'est cette brève épreuve qui va décider définitivement de son sort, pour la jouissance ou la souffrance éternelle.

Mais Dieu, pensez-vous, va profiter de ce moment pour corriger l'imperfection de son propre ouvrage, pour accorder à l'âme humaine la grâce qui doit la ramener au bien. Ce serait trop conforme au bon sens, et le Dieu d'Abraham n'en semble pas très pourvu. Pourquoi cette abstention ? Toujours parce que l'homme est libre (?) et parce que pour obtenir la grâce il faut qu'il la désire ; et pour qu'il la désire, il faut que le mal lui inspire du dégoût, c'est-à-dire qu'il la possède déjà. Il y aurait un moyen de sortir de ce cercle vicieux ; ce serait de rendre l'épreuve assez longue pour qu'arrive sûrement ce moment, inévitable dans une longue vie, où la lassitude du mal et le besoin du bien se font sentir. Mais les théologiens ne l'ont pas voulu. Mal inspirés peut-être par le Satan que créa leur imagination plus vigoureuse que leur sens moral, ils ont condamné le pécheur au supplice éternel et Dieu à l'injustice.

Un crime envers Dieu, disent-ils, est infini et exige un châtiment infini. Quelle logique, ô Père éternel ! En vertu d'elle, pourquoi un cavalier renversé par un cheval indocile ne le tuerait-il pas sur-le-champ. N'a-t-il pas, cet insubordonné, insulté à la dignité d'un être *fait à l'image de Dieu ?* S'il ne le fait pas, c'est que plus humain que le Dieu chrétien ne serait divin, il considère l'inintelligence qui rend l'animal en grande partie irresponsable. Est-ce que la raison humaine, si méprisée des théologiens lorsqu'elle contredit leurs affirmations, prendrait tout à coup, dans les actes mêmes où elle est le plus absente, une valeur incommensurable. Et Dieu serait-il inférieur à l'homme comme juge ?

Nous ne sommes pas encore au bout des absurdités et le : « Credo quia absurdum » peut s'exercer largement dans la chrétienté. Dieu forma le projet d'effacer les suites du péché originel au moment même où il prononça la sentence de condamnation. Que pensez vous qu'il fit ? Qu'il inspira à l'homme de rentrer dans le devoir, de faire amende honorable, et qu'il le pardonna ? Vraiment ce serait trop simple. Lui rendre ensuite la vie heureuse des premiers jours ? Ce serait trop de bonté d'une part et trop de bonheur de l'autre.

Réveillons toutes les facultés intellectuelles qui sommeillent dans nos lobes cérébraux pour saisir le fil logique. s'il existe, de cette combinaison extraordinaire : Dieu enverra sur la terre son fils (car Dieu a un fils), qui sera le Messie sauveur : mais ce sera dans quelques milliers d'années (à moins que ce ne soit quelques milliers de siècles). Ce Dieu si peu miséricordieux n'est pas pressé, et peu lui importe que des millions de pauvres diables soient damnés pendant ce temps-là. En attendant, il choisit parmi les peuples plus ou moins barbares qui vivent sur la terre, centre du monde, une petite nation qui sera son peuple élu, et qui sera la souche humaine d'où naîtra le futur sauveur. Ce peuple, guidé, inspiré par Dieu, va devenir, semble-t-il, un modèle pour l'humanité ? Pas du tout. Il est au moins aussi cruel, aussi fourbe, aussi indiscipliné et licencieux que les peuples voisins. Aussi son Seigneur, pendant plusieurs siècles, ne fait que frapper, maudire, ordonner massacres sur massacres, tomber d'irritation en colère, et de colère en vengeance. Il est bien le Dieu d'Israël ; et dès lors il ne faut pas s'étonner si dans la lignée humaine par laquelle son fils devait venir au monde, les bonnes gens comme Joseph le charpentier sont plutôt rares. Parmi les plus glorieux ancêtres du Christ, Jacob ne fut qu'un ignoble fourbe, et David un fauteur d'assassinat.

Enfin le sauveur paraît. L'humanité va-t-elle écouter sa voix et retrouver l'innocence de l'âge d'or ? Non. Au milieu des hommes indifférents ou révoltés, c'est lui, l'offensé, contre qui s'élèvent les crimes, qui souffre et marche au supplice pour les expier. C'est lui, l'innocent qui prêche l'amour et la bonté, qui est la victime, la rançon du châtiment. C'est non seulement inique, c'est idiot. Comme on comprend bien, après cela, qu'une humanité bercée de pareils principes ne sache pas comprendre la vraie justice et distinguer le bien du mal.

Pourtant, malgré ce sacrifice incompréhensible, peu de chose est changé pour l'homme. La mort lui est toujours cruellement imposée et il a d'étranges conditions à remplir pour échapper à l'enfer. D'abord recevoir sur le front un peu d'eau, avec quelques prières. Grâce à ce sacrement, il peut désormais être impunément criminel ; pourvu qu'à sa dernière heure le repentir presque inévitable en un tel moment l'ait touché, et qu'un prêtre soit près de lui pour lui accorder l'absolution, le ciel ne lui sera pas fermé. Mais malheur à l'honnête homme qui repousse les lumières de la religion ; il peut avoir vécu saintement, la géhenne ne l'attend pas moins. C'est évidemment un bel encouragement à l'iniquité humaine, qu'une telle injustice soi-disant divine.

Et que devons-nous aussi penser de ces miracles

par lesquels Dieu ferait preuve d'une inintelligence
flagrante, dans la manière dont il en userait pour
se manifester à l'humanité.

Josué arrêtant le soleil et Jonas demeurant trois
jours dans le ventre d'un poisson sont des contes
qui ne comportent pas de réfutation. Ce sont assu-
rément de pures légendes nées de mensonges qui
prouvent que les Juifs en pouvaient remontrer sur
ce point aux plus impudents menteurs. Il est probable que ces miracles prétendus furent, à l'origine,
de simples *blagues*. On pratiquait déjà la galéjade
sur les bords du Jourdain.

Ils sont d'ailleurs fort nombreux dans l'histoire
sacrée, ces miracles de tous genres. Mais comment
se fait-il que Dieu, en vue de démontrer sa puissance et sa réalité, les prodigue en un temps où
les hommes sont incapables d'en apprécier la portée véritable et d'en léguer des preuves indiscutables aux générations futures? Et maintenant, quant
il suffirait de quelques-uns de ces miracles, constatés par des hommes savants et incrédules, mais par
cela même autorisés, pour convaincre tout le genre
humain, il s'abstient.

Ainsi, après avoir proclamé la perfection de Dieu,
on nous le montre plutôt médiocrement intelligent,
souvent même injuste et méchant : en somme, infiniment éloigné de cette perfection.

Mais nous n'en avons pas fini avec les contradictions, les incohérences, les absurdités du dogme
chrétien. Voyons donc ce que vaut celui de la liberté, qui rejetterait sur l'homme toute la responsabilité de ses défauts.

Peut-on être vraiment libre, et imparfait ? Im-
parfaits, nous le sommes certainement ; alors notre
liberté se réduit à peu de chose, car notre profonde
ignorance, notre évidente incertitude des conséquences certaines de beaucoup de nos actes influent énor-

mément sur les décisions de notre volonté. Celle-
ci contient en germe, il est vrai, la liberté, mais
comme la graine contient la plante. Il faut la lumière de la science, de la connaissance, pour en
faire un arbre robuste et majestueux, aux racines
et aux rameaux développés et puissants. En nous
la liberté est plutôt précaire et illusoire. Et si la
volonté mal éclairée n'est pas une vraie liberté, vouloir et pouvoir ne sont pas, non plus, toujours synony-
mes ; nous ne sommes pas toujours maîtres des
causes qui agissent sur notre détermination mentale.

Il n'est pas nécessaire d'être un physiologiste
éminent pour savoir que l'âme ne compose pas
seule tout l'être humain. La constitution du cerveau, du système nerveux et de l'organisme entier
ne sont pas sans influence sur la sensibilité et sur
les facultés intellectuelles et morales. Même chez
l'homme le plus idéaliste, l'esprit n'a pas toujours
la prédominance sur l'animal ; la vie matérielle a
des exigences que l'esprit n'est pas toujours maître de gouverner. On peut même dire que l'influence
matérielle détermine en général les grandes lignes
de la personnalité humaine. Il est probable que s'il
était en notre pouvoir de modifier les subtils éléments cérébraux qui relient la conscience à la ma-
chine humaine, de façon à les régler convenable-
ment, d'après ceux d'un homme très bon et très
intelligent, cette simple modification ferait faire
à l'humanité plus de progrès que toutes les leçons
de morale prêchées pendant mille ans [1].

1. Une telle modification ne serait peut-être pas impossible
à obtenir. L'organisme cérébral de l'embryon est sans doute,
dans le sein de la mère, apte à enregistrer dans ses réflexes
organiques l'impression de certaines tendances de l'esprit ma-
ternel. C'est pendant la période de gestation de la femme qu'il
faudrait cultiver physiquement le cerveau de l'enfant, en en-

La responsabilité de l'homme, si grande qu'elle puisse être, ne peut devenir absolue. Nous avons dit que la naissance d'un être immortel est un non sens, une absurde contradiction. Il faut y ajouter qu'en ce qui nous concerne cette naissance serait en outre un défi jeté à la justice par le créateur. Toutes ces âmes venant affronter l'épreuve terrestre devraient l'aborder dans la plus parfaite égalité de conditions et de moyens. Nous savons qu'il n'en est pas ainsi.

Voici un enfant qui vient au monde avec un organisme sain. Ses facultés mentales sont en outre bien équilibrées et normales, et elles se développent dans un milieu favorable. Après avoir vécu honorablement et plus ou moins favorisé de la destinée, la vie future lui réserve le bonheur qui est dû à l'homme bon.

Un autre va naître affligé de quelque tare que rien d'ailleurs ne peut déceler aux yeux du physiologiste le plus perspicace. Le sens moral lui manquant et le milieu où il vit facilitant sa perversion, il tombera dans l'abjection, jusqu'au crime peut-être. La plus affreuse misère pourrait s'ajouter aux rigueurs de la société pour son châtiment, d'après le dogme chrétien, s'il meurt sans confession ou sans repentir, le supplice éternel l'attend.

Comment pourrait-on affirmer qu'il n'y a pas d'injustice initiale entre ces deux hommes ? Et si cette injustice est indéniable comment pourrait-on concilier ces trois choses : Cette inégalité, avec ce libre arbitre et cette intelligence embryonnaires ; cette vie si brève pour une épreuve qui doit nous sauver ou nous jeter à l'abîme ; et la bonté de Dieu. Comment ce créateur pourrait-il abandonner sa chétive créature aux pires hasards, et après sa chute pres-

tretenant chez l   mère l'esprit de concorde, d'honnêteté, d'activité et de boι ε.

que inévitable, lui infliger la plus horrible des tortures, sans jamais se lasser de châtier. Et si cet être misérable ne peut être sauvé que par la grâce divine, pourquoi celle-ci n'en a-t-elle pas pitié ? Il est si peu de chose auprès de Dieu !

Mais entre la justice et la bonté de Dieu et un dogme religieux, on ne saurait hésiter ; le dogme est condamné. Il est vrai que le paradis et l'enfer reçoivent parfois un sens symbolique pour s'adapter à toutes les mentalités. Mais alors ce dogme manque de franchise, presque d'honnêteté. Et ce n'est pas par de tels procédés qu'on répandra la probité et le sens moral.

La raison exige que l'âme humaine, éternelle et parfaite, ne puisse déchoir réellement et définitivement. Ne la confondons pas avec les personnalités auxquelles elle communique la vie. En nous, elle n'apparaît plutôt que dans un état de torpeur mentale, d'infirmité physique, comme privée de la plupart de ses moyens d'existence normale. Les maux et les misères de notre existence actuelle et de celles qui lui ressemblent sont, dans l'ensemble de la vie universelle, une anomalie par laquelle cet ensemble hautement moral reçoit une force et un éclat que le contraste seul peut lui donner. Le mal, qui résulte des conflits entre la liberté renaissante et l'ignorance, est l'indice d'un état transitoire et bref, que l'âme franchit rapidement.

Nous arrêterons ici cette critique, qui pourrait s'étendre à d'autres imperfections de la religion chrétienne. Celle-ci, malheureusement pour elle, porte tout le poids des insanités de la fable religieuse et de l'histoire d'Israël. Comme le judaïsme et toutes les religions primitives, elle disparaîtra le jour où l'idée vraie de la Divinité et le sentiment profond de la justice auront conquis le monde.

Mais ce moment est encore très éloigné. Ceux

qui annoncent la ruine imminente des religions révélées se méprennent sur la force des racines qu'elles plongent encore dans l'âme humaine, comme les Eglises se font illusion sur leur puissance et sur la faiblesse de la raison.

Il ne faut pas plus s'étonner du déclin de la foi que de la durée des erreurs religieuses; l'esprit humain évolue, et son évolution est lente. La persistance de cette foi, en dépit des erreurs du dogme, doit plutôt surprendre chez certains hommes d'intelligence et de science. Ceux-ci élèvent, dans leur for intérieur, une barrière entre la croyance et la raison antagonistes, oubliant que cette séparation est contraire aux lois naturelles, et que la raison n'appartient pas à l'homme uniquement comme instrument de physique, de chimie ou d'érudition. Il faut l'accepter ou la rejeter en tout, si l'on veut être logique. En réalité, cette persistance d'une foi en partie absurde chez l'homme instruit relève plus de l'instinct que de l'intelligence. Elle est une réaction contre l'idée d'un anéantissement définitif par la mort, et même contre le scepticisme auquel les exposent pourtant les absurdités de la religion elle-même.

Il est certain que la critique des religions, poussée sans réserve jusqu'à sa conclusion logique, aboutit au doute. Chez le critique éclairé, la négation pourra se borner souvent à atteindre l'erreur et laissera subsister les idées philosophiques rationnelles, épurées des fables et des dogmes. Chez le critique moins instruit et simpliste, elle renversera fréquemment tout le système, entraînant malheureusement, avec elle, l'idée de souveraineté absolue de la justice, indissolublement liée à l'immortalité de l'âme et à l'existence de Dieu.

Devrions-nous donc renoncer à la critique? Si les religions, après avoir conduit l'homme barbare à la croyance, enfantent aujourd'hui le doute, il ne

faut ni le déplorer, ni le craindre. Certes, il aurait
été meilleur d'asseoir la foi en Dieu, en la justice
et la certitude de la vie future sur les vieilles traditions qui ont bercé les unes après les autres tant
de générations. Il aurait été doux de penser que
ces traditions sont impérissables comme l'âme elle-
même. Et en écoutant les émouvantes prières qui
s'élèvent depuis des siècles sous les voûtes de nos
antiques cathédrales, les chants majestueux qui
versent l'extase, nous aurions aimé à évoquer dans
un beau rêve, la plus belle, la seule réelle des Di-
vinités. Mais la sublime vision de la vérité n'était
pas permise aux premiers âges de l'humanité qui
nous ont légué les religions. Le scepticisme doit
avoir son heure dans l'évolution de la pensée, et s'il
peut être une cause d'égarement, il est aussi la
source de nobles et douloureuses aspirations. Il est
le creuset dans lequel la flamme de l'intelligence
fait bouillonner l'or pur des certitudes futures.
D'ailleurs le rôle du sceptique involontaire dépasse
en mérite celui du croyant bénévole. Lequel, en
effet, se montre supérieur à l'autre : celui qui,
acceptant l'image grossière et laide forgée par ceux
qui l'ont précédé, aura tremblé ou se sera béate-
ment prosterné devant elle; ou bien celui qui, ne
reconnaissant pas dans cette sorte d'idole imparfaite l'image radieuse de la Perfection, aura toute sa
vie cherché, souffeit et désiré en vain?

Mais ce scepticisme ne doit être qu'une halte d'un
instant sur le seuil d'une foi nouvelle. Le penseur
ne doit pas reculer devant les rudes chemins qui
mènent à la cime escarpée, d'où le regard découvrira
la terre promise de la lumière. Des aspirations de
l'âme qui enfantèrent les religions, et des exigences
de la raison qui firent naître le doute, surgira quelque jour une harmonieuse et magnifique synthèse
qui les unira, par la science, dans la vérité.

III

Critique de la philosophie spiritualiste et de la morale du matérialisme Légitimité du désir de l'immortalité

Le plus grand nombre des philosophes spiritualistes admet, tout au moins implicitement, la création. Elle s'accorde d'elle-même, il est vrai, avec le silence que garde notre mémoire quand nous l'interrogeons sur notre état antérieur, et supprime la difficulté d'expliquer comment une âme éternelle et de nature parfaite, pourrait être ce que nous sommes, sans déchéance morale.

Mais ils n'esquivent ces obstacles, plus apparents que réels, que pour succomber devant d'autres beaucoup plus redoutables : l'impossibilité d'admettre un commencement d'éternité dans un être quelconque, et l'iniquité qui présiderait à la répartition des facultés chez des êtres appelés à subir une épreuve dont les conditions devraient être égales pour tous.

D'autres philosophes, pour expliquer les inégalités natives, et rétablir entre tous l'égalité initiale, font intervenir plusieurs existences antérieures à la nôtre, pendant lesquelles l'inégalité a été déterminée par les actes accomplis. Dans d'autres existences à venir la loi de progrès aidée des circonstances résultant de l'organisation rationnelle de l'univers, finira par rétablir l'égalité dans le bien et dans la justice, qui satisfait notre idéal moral.

Il y a là, certes, un perfectionnement doctrinal important, mais il est incomplet. S'il débute toujours par une création, il ne répond pas à cette impérieuse exigence rationnelle : Qui naît doit mourir ; qui est immortel ne peut pas surgir du néant et commencer une éternité future.

Aussi est-ce en termes plutôt vagues que ces philosophes exposent leur système, toujours embarrassés qu'ils sont par cette idée d'une déchéance morale qui s'imposerait par la présence dans l'animal humain de l'âme éternelle. Tous admettent bien que cette âme s'élèvera de plus en plus vers une perfection idéale. Mais pour ne pas la faire redescendre, ils sont dans l'obligation de ne jamais lui faire atteindre cette perfection et de faire de la vie spirituelle une sorte de travail de Danaïdes. Et ils laissent sans explication valable la question qui se pose toujours impérieusement, de l'origine de cette âme, qu'ils reculent seulement de quelques existences.

Cette ascension sans fin de l'âme vers une perfection toujours désirée et jamais atteinte apparaît immédiatement comme une erreur contraire aux lois psychologiques. Elle érige l'illusion en dogme et en maîtresse de l'âme. Rationnellement, au contraire, le but doit être atteint par l'esprit dans la mesure qu'il a jugé possible et qui doit le satisfaire. Il est bien dans notre nature d'aspirer à la perfection ; mais si l'inanité de nos efforts devait un jour nous apparaître, nos regrets et notre déception seraient d'autant plus vifs que nous nous serions élevés plus haut et avec plus de peine, et que notre espoir nous aurait paru plus justifié. Or c'est précisément lorsque, dans la plénitude de notre puissance, nous croirions toucher au but que la vanité et l'inutilité de nos efforts et de cette puissance nous apparaîtraient. Ainsi ce système philosophique nous condamnerait fatalement à la chimère perpétuelle ou à la révolte. C'est pourquoi nous devons le repousser.

Aucune doctrine religieuse ou spiritualiste n'apparaît donc complètement rationnelle dans la forme qu'elle donne à l'immortalité. Faut-il alors nier cette immortalité? Devons-nous devenir matérialistes? C'est ce que nous allons voir, en nous contentant pour le moment d'envisager le matérialisme au point de vue philosophique et moral. Nous discuterons plus loin le point de vue scientifique.

La thèse des matérialistes, quelle que soit l'école à laquelle ils appartiennent, est simple : « Nous ne connaissons, disent-ils, que la matière et les forces qui en dérivent. La vie n'est qu'une résultante d'actions physico-chimiques variables tendant à certains équilibres qui réalisent l'être vivant. La pensée n'est pas autre chose qu'un mouvement, une modification de certains éléments matériels du cerveau. Nous voyons de la matière sans conscience, mais nous ne voyons pas de conscience sans matière. C'est tout ce que la science nous apprend et le véritable esprit scientifique consiste à s'en contenter. »

Dire que nous ne voyons pas de conscience sans matière, c'est parler un peu comme M. de Lapalisse. La matière seule étant visible pour nous, nous ne pouvons voir que les effets produits sur la matière par une force quelconque. Cela ne veut pas dire nécessairement que ces effets et la force qui les produit soit engendrés par la matière.

Du reste, la science actuelle nous donne une idée de la matière toute différente de ce que la vision directe nous la montre. Cette matière est une agglomération de particules totalement invisibles et intangibles individuellement, séparées par des intervalles relativement considérables. L'expérience démontre l'existence certaine de ces particules, dont les plus petites, nommées électrons, seraient elles-mêmes issues de ce milieu impondérable désigné sous le nom d'éther. Ainsi la définition de la matière pondérable comporte l'introduction d'un terme impondérable, la substance ou milieu éthéral, qui est fondamental.

Dans ces conditions, il est permis d'admettre, avec les matérialistes, que la vie, en nous autres hommes, concorde certainement avec des actions matérielles, mais tant dans l'invisible éthéral que dans le pondérable. Comme eux nous dirons que rien ne se passe de conscient dans l'être vivant sans que se produise quelque part une modification susceptible d'être mesurée, mais par des moyens appropriés qui nous font complètement défaut en ce qui concerne les éléments fondamentaux. Nous nous demanderons aussi où on devra opérer cette mesure, saisir cette modification. Où se produit le contact entre le processus nerveux et la conscience. Est-ce à l'atome, à l'électron, ou à l'éther lui-même que s'arrête l'excitation physique et que commence la sensation? On ne le sait pas exactement, on pourrait même dire qu'on ne le sait pas du tout. Mais tout ce que la science nous apprend porte à croire que cette excitation ne s'arrête pas à l'élément pondérable et strictement matériel.

Toutes les oppositions entre le matérialisme et le spiritualisme, en ce qui touche la question que nous traitons, se réduisent à deux: la prépondérance de la matière sur la conscience ou son inverse ; la possibilité ou l'impossibilité, chez un être vivant, d'une mémoire personnelle survivant à la destruction du corps matériel, et capable de maintenir son identité psychique.

Nous verrons par la suite, dans la discussion des rapports de la conscience avec la matière, que ce

n'est pas à celle-ci qu'on aboutit en dernière analyse. Nous verrons aussi qu'on ne peut opposer une
négation scientifiquement et philosophiquement
sérieuse, valable, à la possibilité d'une identité
psychique perpétuelle, qui ne peut correspondre
d'ailleurs, qu'à un état intellectuel et moral que
peut-être l'évolution ne nous a pas encore rendue.

Le matérialisme, qui se borne trop facilement à
des négations sur les sujets qui intéressent au plus
haut degré l'avenir de l'homme, n'en a pas moins
l'ambition de se substituer à la morale, religieuse
ou simplement spiritualiste, dans la conduite de
l'humanité. Examinons donc la valeur des principes sur lesquels il prétend asseoir son autorité de
régent des sociétés futures.

« Il n'y a de certain pour nous, enseigne cette
philosophie, que l'expérience et les lois qui en dé-
coulent. Or l'expérience ne nous démontre pas plus
notre survivance que l'existence de consciences autres que les nôtres et de nature supérieure. Il est
donc inutile, pratiquement, de s'en occuper. La
conscience pourrait bien n'être, d'ailleurs, qu'un
phénomène très accessoire à la vie et dont l'absence ne changerait rien au cours des choses et à
l'univers. Son origine est certainement dépourvue
de toute finalité, étant le résultat parallèlement à
notre organisme, d'une évolution en elle-même inconsciente. Nous devons fonder une science des
mœurs sur le principe des autres sciences et sa
morale sera basée sur les idées de justice et de solidarité que l'évolution tend, par hasard, à développer dans l'esprit humain. Avec la recherche naturelle de la plus grande somme de bonheur possible,
dans notre milieu, voilà le seul idéal rationnel. »

De l'absence de finalité dans la formation de la
conscience et de sa dépendance absolue de la matière pondérable, nous verrons plus loin ce qu'il

faut penser. Ce qui n'est pas douteux c'est que la
conscience est essentiellement finaliste et c'est ce
qui la distingue nettement du mécanisme. La thèse
du matérialisme qui fait engendrer le finalisme par
le mécanisme est-elle plus logique que la thèse
contraire ? La matière, si elle avait une conscience,
pourrait peut-être le prétendre ; mais elle n'en a
pas ; et la conscience ne peut abandonner la cause
du finalisme sans commettre un suicide, qui enlève
toute valeur à ses arguments. En réalité, le mécanisme et le finalisme se partagent le monde. Le
mécanisme pourrait bien n'être qu'une sorte d'in-
vention du finalisme, comme le télescope est l'œuvre de l'opticien ; il peut n'être qu'un finalisme
déguisé dont l'origine initiale et le but final seuls
peuvent donner la clef, que nous ne possédons pas
encore.

Quant au gouvernement de l'âme humaine par
une science des mœurs purement matérialiste, qui
limiterait les besoins moraux de cette âme aux seules possibilités immédiates, il serait impossible à
beaucoup de gens de l'accepter. Ce serait, en principe,
la négation même du progrès, l'abandon d'un idéal
supérieur, l'interdiction des affections profondes.

On peut concevoir que de telles doctrines, peu
approfondies, séduisent des jeunes gens sans expérience réelle de la vie et pour lesquels la mort paraît si lointaine qu'elle semble irréelle. Et aussi
des vieillards blasés des bonheurs terrestres dont
ils ont abusé, fatigués, lassés de la vie ; ou bien
en core des gens au cœur étroit, égoïstes, dont la
placide existence n'a jamais connu les effroyables
détresses de la misère, les torturantes angoisses des
souffrances physiques, les épouvantables désespoirs
des affections subitement brisées.

Elles conviennent, ces doctrines, à ceux qui
n'ayant pas eu besoin de pitié, n'en ont pas pour

les souffrances d'autrui, ceux qui prennent leur orgueil puéril d'esprit fort pour de la virilité. Mais en somme nous devons croire, pour l'honneur de l'humanité, qu'ils sont une minorité. Cette science des mœurs, pas plus que l'autre, ne vaincra jamais entièrement la souffrance ni la mort inhérentes à la chair humaine. Viendra-t-elle, alors, fortifier et consoler l'âme quand l'espoir d'une réparation, d'un bonheur futur, peut à peine y parvenir ? Et lorsqu'elle aura échoué, ce qui lui arrivera souvent, quel refuge pourra-t-elle offrir à l'homme désespéré, autre que le suicide ?

« Qu'importe qu'une doctrine soit ou non fortifiante et consolatrice. Tout doit céder devant la vérité », diront peut-être quelques héros farouches dont le courage n'a jamais été mis à l'épreuve et qui, au fond, tremblent de paraître faibles, ou quelques bonzes qui se figurent être les seuls dépositaires de la vérité. On peut répondre que le vrai a une belle part dans la philosophie, dans le sentiment religieux, si l'erreur est évidente dans le dogme. Ce sentiment répond bien à un besoin impérieux de l'âme, quand celle-ci n'est pas atrophiée par certaines spécialisations trop complètes de l'intelligence. Or une science des mœurs ne peut méconnaître ce besoin ; elle ne peut rester étrangère à la psychologie et ne pas s'en pénétrer, au contraire. Il faut donc qu'elle tienne compte de ses exigences morales.

Le matérialisme côtoie l'immoralité ; disons mieux il devient immoral en cherchant à réduire, dans l'idéal humain, la part du sentiment affectif qui en constitue la principale beauté ; et il la réduit indiscutablement en lui imposant une capitulation devant la mort. C'est aussi abaisser la valeur morale de la conscience que de nier la possibilité de son évolution complète, logique, nécessaire, parce qu'elle ne peut s'achever dans le milieu que nous habitons actuellement.

Pour bien juger de ce que vaut cette philosophie en réalité présomptueuse et irrationnelle, car elle semble considérer la science comme achevée et complète, et même supérieure à la raison, nous allons supposer que son hypothèse : l'anéantissement de l'individualité consciente par la mort, est complètement prouvée.

L'arrêt fatal a été prononcé par la science, il est sans appel. Il faut donc que l'humanité en prenne son parti. Avec bien des difficultés, des lois seront faites pour répartir entre tous une part équitable de travail et de bien-être matériel. Mais cette part une fois fixée, mécontentera beaucoup de gens car le nombre des ambitieux croîtra d'autant plus que celui des imbéciles diminuera, et qu'il n'y aura plus rien à espérer en dehors de cette vie.

Les lois humaines ne changent guère les hommes et il est aussi difficile de propager la vertu qu'il est facile de la décréter. Malgré les lois et aussi grâce à elles (car la perfection n'est pas de ce monde) les plus forts, les plus hardis, les plus malins et les plus favorisés surtout, accapareront toujours, beaucoup plus que les plus méritants, les moyens de diversifier leurs travaux et leurs plaisirs, de choisir les plus agréables. Les déshérités seront quand même nombreux et d'ailleurs le bien-être matériel ne correspond pas régulièrement au bonheur moral. Les loisirs, en devenant plus nombreux favoriseront aussi l'éclosion ou le développement de beaucoup de vices. Il ne manquera pas de gens qui voudront « vivre leur vie » le plus largement possible aux dépens des gens bénévoles et les échantillons trop nombreux que nous voyons actuellement de ces individus peu intéressants seront encore multipliés.

Si l'on veut aboutir à une société harmonique, il faudra donc inculquer à tous, plus que jamais, l'idée supérieure de la justice absolue et celle du devoir social, qui pour beaucoup comportera le renoncement, l abnégation.

Or les lois sociales n'auront d'autre autorité morale que celle de la raison pour imposer cette justice et ce devoir. Mais cette raison décapitée, qui par la science a proclamé la mort définitive, absout par cela même le crime impuni. Il faut, en effet, que la justice existe, complète, absolue, malgré la mort, ou elle n'est plus qu'un vain mot, une illusion de cette ombre inutile qu'est la conscience. Alors comment peut-elle être, cette justice, vraiment rationnelle, positive, scientifique, et qu'importent quelques crimes de plus ou de moins, pour elle et pour une telle philosophie ? La morale que celle-ci inspire ne peut qu'être impuissante à lutter contre l'intérêt individuel, et cet intérêt individuel, dans l'hypothèse admise, est de jouir le plus possible dans le présent, la pierre du tombeau étant tout l'avenir. Cette morale matérialiste ne peut donc être qu'anti-sociale.

Mais la certitude de l'anéantissement a d'autres conséquences, que les théories évolutionnistes permettent de prévoir. L'aversion pour la douleur, l'activité dans la recherche du plaisir en seront plutôt accrues. La sensibilité affective actuelle devra se modifier. Car de ce que certains matérialistes favorisés, englués mentalement dans quelque marotte scientifique ou autre, ont pu y trouver un bonheur relatif, et subir inconsciemment un raccornissement des facultés affectives, il ne s'ensuit pas que beaucoup de gens soient dans le même cas. Il n'en manque pas qui ne sauraient regarder avec indifférence l'anéantissement certain de tout ce qu'ils ont de plus cher.

Toute affection réelle rompue par la mort plongera celui qui en sera la victime dans le désespoir, et au début, les neurasthéniques seront multitude. Puis l'homme qui aura ainsi souffert et ne pourra se corriger de ce défaut d'être trop sincèrement aimant, s'il a du cœur, ne voudra pas le transmettre à d'autres. La médecine et la biologie lui enseignent le moyen de se priver de postérité sans mettre obstacle à la satisfaction de ses instincts ; il en profitera. Une sélection est donc inévitable ; d'abord être sentimental deviendra profondément ridicule, puis tout ce qui est capable d'une vive et surtout durable affection va disparaître. Tout ce qui rêve d'une autre vie, d'un autre idéal, ne se reproduira plus. Il restera non pas des athées et des matérialistes illogiques, vivant en croyants, comme il y en a pas mal maintenant, mais de véritables nihilistes. L'humanité va donc végéter dans une atmosphère d'égoïsme d'où la sympathie réelle aura disparu, où le summum de la fraternité sera une solidarité de troupeau, où l'amour se contentera des bestialités sexuelles. Et si par quelque retour d'atavisme, quelque malheureux vient à naître dans un tel milieu avec un cœur vraiment affectueux, il n'aura rien de mieux à faire que de s'en échapper au plus vite en se donnant la mort [1].

---

1. « Dans une société dont tous les membres seraient de purs athées, allant jusqu'au bout des conclusions logiques de leur athéisme, la conscience de chacun perdrait toute valeur en tant que sentiment social ; chaque athée se soumettrait aux ordres de sa conscience pour le seul plaisir de sa satisfaction personnelle, mais les croyances de ses voisins ne lui imposeraient pas de devoirs. Une telle société, formée exclusivement d'athées, finirait naturellement par une épidémie de suicide anesthésique. » V. Le Dantec. *L'Athéisme*. Ces lignes sont, comme on le sait, d'un savant qui fait profession sincère d'athéisme. Il est absolument certain que l'élévation et la rectitude des idées aussi bien que le sentiment social, sont incompatibles avec une vie pratiquement matérialiste.

Voilà donc l'idéale humanité que nous promet logiquement le matérialisme. La terre devient un vaste sépulcre, sur lequel s'agitent des fantoches que le néant dévore et qui croient vivre. Sur ce sol funèbre, établir un semblant de justice humaine, lorsque à chaque instant la nature toute puissante consacrerait l'injustice en broyant dans le même anéantissement la victime et le coupable; couper les ailes à tous les rêves de pitié, de grandeur et d'amour qui dépassent le niveau du cerveau humain, voilà l'idéal de cette philosophie.

Nous avons le droit, et c'est aussi un devoir, d'espérer autre chose. Ce serait pour aboutir à une telle dérision que, d'après ces philosophes eux-mêmes, nous aurions évolué depuis l'amibe, depuis même l'éther cosmique, jusqu'à un Pasteur ou un Berthelot ! Cette évolution si extraordinairement puissante a pu tirer l'être vivant des entrailles de la matière pour le conduire vers la lumière, vers la conscience, mais ils ne consentent pas à ce qu'elle aille plus loin. Nouveaux Josué, ils veulent arrêter le soleil.

C'est une singulière mentalité que celle de certains matérialistes. Ils s'hypnotisent devant ce nouveau fétiche, la mesure, au point de ne pas admettre la réalité de ce qui ne se jauge pas avec le mètre ou le décalitre. Ils se croiraient disqualifiés comme savants (lorsqu'ils le sont) s'ils poussaient leurs raisonnements en dehors des lois de la physique et de la chimie, ce qui ne les empêche pas de formuler des négations sans preuves et de se montrer, dans certains cas, trop imbus de routine. Enfin ils montrent une certaine répugnance pour la logique et la tiennent plutôt en mince estime, lorsqu'elle ne s'accorde pas avec leurs théories, ce qui est assez fréquent.

C'est à tort qu'on rendrait la science responsable de l'état d'esprit de quelques savants. Un savant, malheureusement, sait encore si peu de chose, bien que ce qu'il sache soit précieux. Dans quelques siècles d'ici, on sourira certainement de tous ceux qui, pauvres apprentis, prirent au sérieux ce titre de maître qui est tout relatif, et de nous tous qui croyons déjà sonder le fond des choses. Et on s'étonnera beaucoup surtout de l'insistance de certains à se réclamer de la méthode scientifique dans le moment même où ils l'oublient dans leurs raisonnements.

Ainsi, dans cette grave question de l'immortalité nous devons rejeter les prétentions de ceux qui veulent, non pas apporter à la raison le secours de l'expérience, mais subordonner entièrement la première à cette dernière. Nous ne devons pas plus accepter les œillères qu'on veut nous adapter au nom de la science, que les absurdités qu'on nous enseigne au nom de la révélation.

Rien qu'au seul point de vue moral et psychologique ni les religions, ni les divers systèmes spiritualistes, ni le matérialisme ne satisfont donc entièrement aux exigences qu'impose la solution du problème de l'immortalité. Avant de poursuivre la recherche de cette solution, demandons-nous comment le problème lui-même peut légitimement se poser.

L'universalité presque absolue du désir d'immortalité est déjà une raison en faveur de l'existence de celle-ci. La mort se présente à nous avec un caractère de fait indiscutable et il est étrange que l'homme ne se soit pas encore résigné à l'accepter, qu'il n'ait précisément cessé de le discuter de tout temps. Beaucoup d'hommes intelligents, sans doute, écartent d'eux cette discussion dans la crainte surtout d'aboutir au néant final. Cette crainte et l'apparente indifférence qu'elle motive, aussi bien qu'un attachement irraisonné à des dogmes absurdes, mais affirmatifs de la survie, sont une preuve de l'universalité du désir de la vie perpétuelle.

La sanction morale du mal souffert injustement, du crime impuni, si la justice n'est pas une illusion de la conscience, mais une loi suprême de la nature implique nécessairement l'immortalité de l'âme.

La justice peut-elle avoir ce caractère souverain?

Les lois supérieures du monde physique sont évidemment ordonnées et harmoniques. Elles n'ont rien, dit-on, de commun avec la morale. C'est une erreur ; deux choses aussi différentes d'apparence que la matière et la conscience ne sauraient se partager le même milieu sans s'accorder par leurs lois principales. Or la matière obéit à des lois d'équilibre, d'égalité, qui sont comme l'équité physique. A la gravitation, force centripète, s'oppose une force centrifuge égale. La force électrique, qui semble être la forme universelle et fondamentale de l'énergie, se compose de charges égales polarisées. La matière évoluant, l'équilibre il est vrai n'est pas parfait. Mais si l'univers est éternel, c'est que chacune des deux forces fondamentales et opposées qui l'animent l'emporte tour à tour sur l'autre, dans une autre égalité, celle du rythme évolutif. La portion de l'énergie latente dans la matière, qui est énorme, y est immobilisée, potentialisée, dans l'équilibre, donc dans une égalité. D'autre part, nous pouvons comparer les phénomènes complexes où dans la matière organique, les lois physiques semblent troublées et faire parfois exception aux lois générales, aux phénomènes de conscience où celle-ci se révolte contre la justice. Dans les innombrables entre-croisements des polarités et des états de la matière peut régner un certain désarroi, infime par rapport à l'ordre général. L'exception met en relief l'importance de la règle : la nature physique obéit à l'équité physique, indéfectible.

Dès lors, nous sommes en droit d'admettre que l'équité morale n'est pas une illusion de certaines consciences orientées vers elle par le hasard. Les êtres qui ne s'y soumettent pas eux-mêmes en gardent le sens. Elle est le phare qui guide les sociétés humaines et l'homme lui-même vers plus de perfection. Et si autour de nous elle nous apparaît toute troublée, c'est que ce monde des vivants, qui paraît moralement monstrueux près des harmonies du monde physique, vient à peine de renaître. Et nous pouvons accorder sans crainte à la justice le droit de régner sur l'âme humaine.

L'argument de justice a comme complément l'argument de perfection. C'est celle-ci qui, lors même que la justice absolue régnerait sur la terre, exigerait encore l'immortalité pour que l'humanité accède à elle. Nous avons dit déjà que la perfection n'avait pas qu'une valeur arbitraire et qu'elle peut se mesurer à la somme de bonheur possible dans un milieu vivant. Sans doute certains êtres pervers peuvent trouver du plaisir à nuire à leurs semblables ; nous ne le savons que trop. Mais les sociétés où ils se rencontrent, même en petit nombre, sont un milieu antipathique et pénible à ceux qui ne leur ressemblent pas, et même à leurs pareils. Le proverbe qui dit que les loups ne se mangent pas entre eux a plus souvent tort que raison. Au contraire une société composée d'êtres moraux, quelque nombreux qu'elle puisse être, verra toujours la concorde et la sympathie rapprocher ses membres pour le bien général et la satisfaction de tous. On ne peut nier le progrès des sociétés modernes sur celles de l'antiquité, bien qu'il soit encore faible. La perfection complète de l'âme humaine et celle des sociétés exige d'ailleurs, non seulement la perfection morale, mais celle de l'organisme lui-même, pour que l'esprit prenne possession de toutes les modalités supérieures de la vie. Il lui faut donc l'immortalité.

Enfin il est un sentiment profond qui attire l'âme vers tout ce qui est beau et bon, vers d'autres âmes semblables et sympathiques, et vers Dieu. C'est l'amour, qui partage avec la justice la souveraineté de la conscience et rayonne sur tout le monde vivant.

C'est à l'amour surtout, source véritable de la vie, dans tout ce qu'il a de plus saint et de plus pur, que nous devons le désir d'immortalité. Aucune loi de la conscience n'est plus apte à le légitimer. Peu nous importerait de revivre si nous ne devions jamais retrouver ceux que nous avons aimés ou ceux que nous aimons. Peu importerait la vie éternelle, même au plus égoïste des hommes, si elle devait s'écouler dans la solitude. C'est en vain que cette existence terrestre souvent âpre et douloureuse, tend à appesantir les chaînes si légères et pourtant si puissantes de l'affection. Elle a beau nous imposer réciproquement le supplice de nos défauts, briser trop souvent nos illusions les plus chères, elle ne parvient pas à nous désunir. La mort passe, tout est oublié, sauf l'amour qui reste victorieux dans le souvenir.

S'il fallait chercher à la mort une nécessité morale dans notre monde, on la trouveroit en partie dans l'oubli des haines, dans le réveil des affections que l'habitude laissait s'étioler. Et si nous tenons à revivre, ce n'est pas seulement pour les plaisirs matériels et moraux de la vie, c'est surtout pour les partager de nouveau avec ceux qui ont été nos compagnons aimés.

Ainsi toutes les lois suprêmes de la conscience s'accordent pour plaider la conservation de l'être en

qui elles s'incarnent. L'intelligence, la bonté, l'affection ne peuvent jaillir du néant. Pourquoi en sor-
tiraient-elles pour s'y abîmer de nouveau, avec
l'âme individuelle qui les porte, quand la lumière
de l'éclair qui brille une seconde, révèle une énergie indestructible ?

Et de deux choses l'une : ou nous avons volontairement consenti à la vie terrestre et à ses épreuves
et alors notre immortalité ne peut faire aucun doute ;
ou nous sommes ici sans l'avoir désiré ou voulu, et
alors la justice indéfectible ne peut que nous accorder cette immortalité puisque la vie en a éveillé en
nous le désir légitime.

IV

La matière. L'éther. L'hypervide

Évolution perpétuelle de la matière et conservation de l'énergie

Avant de rechercher quelles sont les conditions psychologiques et physiques qu'exige la conservation de l'individualité consciente, nous devons nous faire une idée exacte des milieux où elle est appelée à vivre. Ce sont les divers aspects de ces milieux, leur passé, leur présent, leur avenir qu'il nous faut d'abord connaître aussi complètement que possible. Que sont donc la matière et l'univers ; d'où viennent-ils et que deviendront-ils ? Nous allons essayer de formuler aussi clairement et aussi simplement qu'il est en notre pouvoir de le faire, les réponses que la science d'aujourd'hui permet de faire à ces questions.

Nous avons dit que la matière, telle que la définit le langage habituel, est en réalité très différente de ce que la vision directe ou le toucher nous la montrent. Physiquement, nous devons nous la représenter comme formée d'un groupement de molécules séparées par des intervalles relativement grands. Et ces molécules elles-mêmes sont composés de particules plus petites, les atomes, dont la structure et les combinaisons constituent les di-

verses apparences de la matière qui nous sont révélées par les sens.

Mais la divisibilité de la matière ne s'arrête pas
à l'atome, qui fut longtemps regardé comme l'élément fondamental, ce qui justifie son nom, et comme
possédant en propre cette propriété caractéristique
de la matière, l'inertie. A partir de l'atome, susceptible lui aussi de se fragmenter ainsi que la molécule, les lois de la mécanique ordinaire dans lesquelles l'inertie joue un si grand rôle, ne suffisent plus
à expliquer les phénomènes dont la matière est le
siège. Dès la molécule même, la force électrique
commence à intervenir et cette intervention devient
de plus en plus prépondérante à mesure que l'on
se rapproche davantage de la limite de divisibilité.

Il est aujourd'hui admis que l'atome est lui-même
formé d'éléments plus petits, dont le groupement
présenterait une grande analogie avec celui que
nous observons dans les immenses systèmes planétaires. Chaque atome serait formé d'un élément
central : l'électron positif, sorte de petit soleil en
miniature autour duquel graviteraient, dans une
obscurité qui n'existe peut-être que relativement à
nos sens, un certain nombre d'électrons négatifs
beaucoup plus petits. L'électron possède une charge
constante d'électricité à laquelle il sert de support
et de véhicule. Un atome peut donc gagner ou perdre de l'énergie électrique suivant que le nombre
des électrons qui le composent augmente ou diminue. Ceux ci, qui sont le dernier terme de la matière pondérable, ne sont pas dépourvus d'inertie.
Leur masse a été déterminée par des procédés divers
fort ingénieux, qui s'accordent à attribuer à l'électron négatif une masse environ 1.800 fois plus faible que celle de l'atome d'hydrogène.

L'analyse de la matière ne s'est pas arrêtée à
l'électron. L'étude des phénomènes lumineux et

calorifiques du rayonnement par lequel l'énergie provenant de la matière se disperse dans l'espace, a conduit à établir un certain nombre de rapports entre les particules les plus ténues de la matière et le milieu qui occupe l'espace non matériel. Ce milieu se caractérise par la propriété de transmettre sans la moindre déperdition locale les forces physiques les plus diverses, et surtout les actions qui, comme la chaleur et la lumière, paraissent n'être que des mouvements particuliers produits par les forces électriques.

De patients et magnifiques travaux ont conduit les physiciens à admettre l'existence, dans la totalité de l'espace, de ce milieu, de cette substance, à laquelle ils ont donné le nom d'éther. L'éther, absolument impondérable, posséderait certaines propriétés qui, de prime abord, peuvent sembler étranges, mais n'ont pourtant rien d'invraisemblable ou de réellement contradictoire entre elles. L'éther doit être d'une mobilité et d'une élasticité absolues, et il transmettrait à la fois, sans perturbation réciproque, des flux de force comme la gravitation et l'induction électro-magnétique, qui nous paraissent très différents. L'hypothèse de l'éther fournit une interprétation mathématique parfaite des phénomènes du rayonnement, et elle semble se confirmer et s'éclairer de plus en plus, malgré quelques lacunes, tant par l'expérience que par le calcul. Quelles que soient les modifications que de futurs travaux lui imposeront, il est infiniment probable que la plupart des données qu'elle nous fournit actuellement sur la constitution de l'univers relativement à nos sens ne seront pas sensiblement modifiées.

Comment faut-il se représenter l'éther? Les physiciens, à ce sujet, sont d'accord sur un point : les lois de la mécanique matérielle ne s'appliquent à l'éther que dans une mesure très restreinte et on doit avoir recours aux lois de l'électro-magnétisme pour s'en faire une idée plus exacte. Mais tandis que certains physiciens lui attribuent une structure granulaire, analogue à celle de la matière pondérable, d'autres, se confinant dans des considérations purement abstraites ou qui leur semblent telles, dans les théories énergétiques, imaginent un milieu unique et indéfini, dans lequel se produiraient les phénomènes électro-magnétiques.

Au point de vue philosophique, on ne peut admettre une théorie abstraite et purement mathématique de l'éther; et quoi que l'on fasse, il est impossible d'en éliminer une certaine figuration sans rendre ce milieu inintelligible. Il ne faut pas oublier qu'en définitive tous les phénomènes électriques ne nous sont accessibles expérimentalement que par la visualisation, et que celle-ci est indispensable à leur connaissance. En dernière analyse, aussi abstraite qu'on puisse la supposer, tous ces phénomènes s'expriment par une polarité déterminant des attractions et des répulsions. Et si, en ce qui concerne l'éther, on doit expulser des formules l'inertie, on ne peut pas se passer de représenter les forces en fonction de l'étendue. Il n'y a pas d'intelligibilité sans formalité.

La science mathématique, si précise en bien des points, n'échappe pas à ce défaut commun à tout langage : de faire parfois illusion sur la réalité effective que représentent certaines expressions. Pas plus que tout ce qui est psychique, elle ne peut infirmer la loi de polarisation, qui crée l'individualité, mais repousse l'unité absolue. Au fond, ne considère-t-elle pas que des quantités qui s'ajoutent ou se multiplient qui se retranchent ou se divisent, c'est-à-dire qui s'attirent ou se repoussent suivant toutes les combinaisons de relations possibles?

C'est par une application du principe de polarisation, non raisonnée mais plutôt instinctive, que
la science est conduite, par l'expérience elle-même,
à relier par un enchaînement logique la matière à
l'éther. Mais une théorie qui ferait aboutir cette
synthèse à une substance unitaire et amorphe doit
renfermer quelque cause d'erreur ; l'élément fondamental ne peut être que polarisé. Donc, on peut
donner une forme à ces variations périodiques électro-magnétiques qui se propagent dans et par cet
élément. Il est, celui-ci, une portion d'un circuit
électrique qui n'est pas un circuit fermé puisqu'il
ne transmet qu'une variation périodique. Tout circuit étant par définition isolé, qu'il soit fermé ou
non, le milieu ne peut pas être homogène ; il se
divise en milieu conducteur et en milieu isolant. Un
milieu dont l'homogénéité serait absolue serait par
cela même amorphe et impénétrable à n'importe
quelle force capable d'agir sur la matière.

Ceci étant admis, les propriétés électro-magnétiques de ce que nous appellerons l'atome d'éther
peuvent se concilier avec les lois de l'électricité.
Sinon on ne voit pas comment des charges considérables et de signes contraires pourraient subsister en des points infiniment petits, séparés par des
distances de même grandeur, sans se neutraliser
aussitôt que produites ; ou plutôt la production et
la neutralisation étant simultanées, l'effet serait
nul.

Dans le vide le plus complet que nous produi-
sons, nous pouvons constater que l'éther, pris en
masse, n'offre aucune trace de conductibilité électrique alors que ses éléments doivent posséder une
conductibilité interne. Il faut donc en conclure que
le milieu qui entoure ces éléments a une résistivité
énorme, sinon absolue, tout en propageant cependant la réaction inductive. D'autre part, les vites-

ses de l'ordre de la lumière, dont les réactions électro-magnétiques sont animées, exigent que toute
modification correspondante de l'atome d'éther et
de son champ électro-magnétique n'éprouve aucune
résistance de la part du milieu environnant cet atome.
Ce milieu ne peut donc être que le vide absolu, intégral, auquel, pour en bien préciser la nature, nous
donnerons le nom d'*hypervide*.

Que l'on parte, pour expliquer l'éther et sa structure granulaire, d'une substance amorphe ou de
toute autre, l'atome et l'hypervide du champ atomique se conditionnent mutuellement ; ils dérivent
d'une même force et sont solidaires. Ils sont les
éléments polarisés de l'individualité physique fondamentale créée par cette force. L'hypervide est
d'ailleurs limité par le champ atomique éthéral et
ne peut donc, du moins dans la portion de l'univers accessible à nos investigations, occuper de
grands espaces à l'état isolé.

Nous pouvons considérer l'atome éthéral comme
ayant un état statique et un état dynamique, diffé-
renciés par le mouvement électro-magnétique du
rayonnement ; peut-être aussi par d'autres qui
nous échappent. Nous pourrions encore concevoir
l'état statique comme résultant d'une pulsation,
beaucoup plus rapide que l'ondulation lumineuse,
et absolument constante. Une telle pulsation pourrait ne se signaler à nos sens par aucune excitation, sauf peut-être purement psychique. Elle cor-
respondrait à une éternelle fixité de l'atome d'éther
par le mouvement.

On peut encore appuyer l'existence de l'hypervide par des considérations philosophiques qui ne
manquent pas de valeur. D'abord, la loi de polarisation exige que l'élément fondamental soit aussi
bien polarisé substantiellement qu'au point de vue
énergétique. Mais il est une autre raison majeure

à ajouter à celle-ci. L'immatériel, la conscience existent. Or l'immatériel ne peut pas être d'une manière absolue hors du temps et de l'espace sans équivaloir pour nous au néant. Mais il ne peut pas davantage se confondre dans l'étendue avec la matière ; il faut donc qu'il soit localisé en dehors de celle-ci tout en restant en rapport avec elle. Si nous donnons comme terminus à la matière l'atome d'éther, qui bien qu'impondérable participe encore un peu d'elle, par l'hypervide le matériel et l'immatériel auront donc dans l'espace un lieu distinct, des limites communes, et les variations de ces limites relieront physiquement les deux formes opposées et complémentaires de ce milieu universel que notre sens visuel ne perçoit qu'à moitié, dans un de ses pôles. L'hypervide nous apparaîtra donc comme un réseau à structure variable et plus ou moins déliée, sans solutions complètes de continuité, prédominant dans l'espace éthéral et plus finement divisé dans la matière. Nous avons dit qu'il n'occupe jamais, dans l'espace qui nous est accessible, d'étendue excédant les dimensions des espaces intératomiques de l'éther.

Nous avons ainsi suivi la matière jusqu'à la limite extrême de l'infiniment petit. Il faut maintenant faire volte-face et marcher vers l'infiniment grand tant que nous trouverons une voie ouverte devant nous.

Nous savons que la terre sur laquelle nous vivons est un globe énorme, immense, par rapport à nous; petit, extrêmement petit par rapport au reste de l'univers. On nous apprend que ce globe, comme un certain nombre d'autres plus ou moins différents de lui, tourne sur lui-même et accomplit autour d'un astre central, le soleil, une révolution dont la durée mesure nos années. Nous savons encore que de toutes parts, aussi loin que le téles-

cope puisse porter, nous pouvons voir des millions
d'astres semblables à notre soleil, semés dans l'espace éthéral ; que l'on a mesuré les distances immenses qui séparent de nous les plus rapprochés
de ces astres ; qu'on a pesé, pour ainsi dire, le
soleil et les planètes nos voisines, et que le spec-
troscope nous dévoile une partie des secrets de la
matière qui projette sa lumière dans tous ces soleils.
D'ailleurs ces astres, bien que tous matériels, ne
sont pas tous identiques et leurs systèmes planétaires peuvent différer sensiblement du nôtre, tout
en gardant avec lui certaines analogies, communes
à tout l'univers.

Jusqu'où s'étend cet univers ? A l'infini, peut-
être. Combinons le temps sans limite et la vitesse,
mille fois plus prompte que la foudre, de la pensée
qui, d'un bond, s'élance jusqu'aux limites percep-
tibles du visible. Imaginons une conscience, une
âme lancée dans l'immensité, dans ce déplacement
incessant et vertigineux. Jamais elle n'atteindrait
les bornes du monde sidéral dans ce parcours sans
terme du rayon universel. Aussi loin qu'il lui
semblerait se reconnaître de son point de départ,
elle verrait toujours s'étendre autour d'elle, comme
si elle n'avait pas fait un seul pas, les millions de
soleils resplendissant dans la nuit transparente de
l'éther. Telle est l'idée de l'univers infini, qui lorsqu'elle s'appesantit sur la conscience, l'écrase et
l'affole comme si la durée, le mouvement, l'espace,
n'étaient qu'une illusion dont nous aurions la formidable vision.

Peut-être, aussi, cet infini spatial a-t-il une autre forme : l'univers matériel aurait des bornes ?
Arrivé au terme de sa course, à l'extrémité du
rayon parcouru, l'esprit verrait finir le monde et
s'étendre devant lui, contraste sublime et grandiose, un insondable hypervide, sans limite exté-

rieure, obscur, silencieux, immuable et énigmatique. Là, rien ne palpite peut-être, sinon l'âme de
Dieu bornant la matière dans l'infiniment grand
comme dans l'infiniment petit, et enveloppant ce
monde lumineux, scintillant, plein des mouvements
et des bruits de nos petites âmes agitées.

Mais revenons à notre système planétaire. Nous
avons à nous demander quelle fut son origine et
quel sera son destin. Les théories cosmogoniques
actuelles nous enseignent que notre soleil et ses
planètes ne furent d'abord, à une époque très éloi-
gnée de notre moment actuel, qu'un amas de matière de densité extrêmement faible. C'était une nébuleuse formée d'un gaz faiblement lumineux, très
détendu, occupant par conséquent un immense volume, et animée d'un mouvement de rotation.

L'observation astronomique révèle la présence de
plusieurs milliers de nébuleuses gazeuses analogues, dans l'espace sidéral qui nous environne. Ce
sont des astres naissant, ou plutôt renaissant de
quelque vieux soleil éteint ; car nous sommes fon-
dés à regarder l'évolution en cycle fermé des systèmes planétaires comme une certitude, tant au
point de vue philosophique qu'au point de vue physique. S'ils devaient mourir d'anémie énergétique,
il est fort probable que nous ne serions pas ici, et
que l'espace ne contiendrait plus que des globes
glacés, épuisés, inertes. Nous constatons au contraire l'existence de millions de mondes solaires à
tous les degrés de leur puissance vitale, depuis l'enfance jusqu'à la vieillesse, que dénote l'affaiblisse-
ment de leur rayonnement. Et l'évolution perpétuelle des astres paraît aussi évidente que leur
destruction improbable.

Que l'évolution d'un astre concorde avec une
autre plus vaste, englobant tout un groupe, et que
ce groupe évolue à son tour dans un ensemble ma-

tériel encore plus étendu, ou même avec l'univers entier, c'est tout à fait possible. Néanmoins, les modalités de l'évolution universelle, si variées dans le détail, sont sans doute relativement simples dans l'infiniment grand comme dans l'infiniment petit. Constamment renouvelées dans leurs grandes lignes, elles pourraient reparaître périodiquement dans une révolution éternelle dont les phases ne différeraient que par des phénomènes secondaires.

C'est le rayonnement lumineux qui nous renseigne sur l'état de vie physique d'un astre. La nébuleuse ne projette qu'une lumière assez faible alors qu'elle commence à se condenser autour de centres d'attraction généralement multiples. Le mouvement rotatoire qu'elle possède permet le développement de ces centres et les maintient en équilibre à une certaine distance de l'axe. Une nébuleuse privée de ce mouvement de rotation ne pourrait former qu'un astre unique.

Mais la condensation, qui donne ainsi naissance à des systèmes multiples, s'accompagne d'une élévation de température considérable. Le rayonnement dissipe dans l'espace environnant l'énergie ainsi dégagée sous la forme thermique. Les planètes et leur soleil se refroidissent donc graduellement, proportionnellement à l'intensité de leur rayonnement ; les plus petites, possédant une surface relativement plus grande, perdent leur température plus rapidement que les grosses.

Au centre du volume gazeux qui, en se séparant de la masse principale, va constituer une planète, la matière se rassemble donc en une masse plus ou moins condensée, amas liquide de corps en fusion à une température énorme. Formée des premières combinaisons des éléments les plus réfractaires, cette masse grossit peu à peu, puis finit par absorber, à une température moins élevée, tous

les corps susceptibles de se liquéfier qui se sont for-
més. Dans les parties centrales du globe sphéroïdal
ainsi formé, une pression formidable s'exerce, dont
nous ne pouvons nous faire une idée. La surface
finit enfin par se solidifier, puis la température
continuant à décroître, arrive un moment où les
premiers êtres vivants organisés matériellement
font leur apparition.

Par la suite, notre terre comme les autres planètes, verra s'accentuer son refroidissement jusqu'au jour où sa température se sera abaissée au
niveau de celle de l'espace sidéral, au 0 absolu.
En même temps, les orbites se resserreront autour
du soleil par suite du ralentissement du mouvement
de révolution. Une vie matérielle, toute différente
de celle que nous connaissons, pourra-t-elle se développer sur le globe solaire refroidi et plongé
désormais dans la nuit ? Quelque humanité puissante, habitant ces ruines d'un monde agonisant,
fera-t-elle jaillir, des derniers restes d'énergie uti-
lisables, des flots de lumière artificielle, un peu de
chaleur pour prolonger une existence désormais
misérable ? La seule certitude que nous puissions
envisager rationnellement, c'est que la vie matérielle s'éteindra.

Cette évolution sidérale est le résultat d'un déplacement formidable d'énergie dont la source est
pourtant dans l'infiniment petit, et le véhicule dans
l'éther ; par lui se condense ou s'évapore la matière.
Mais comment se produit cette condensation ? Pour
le comprendre, et par suite l'évolution astrale, nous
devons nous rappeler que l'éther est un milieu absolument diathermane, c'est-à-dire que quelle que
soit l'intensité du rayonnement qui le traverse, sa
température propre reste constante. Or, cette température, c'est celle du 0 absolu qui correspond à
373 degrés au-dessous du 0 de nos thermomètres.

Il semble que la condensation de la matière devrait résulter de la perte de chaleur par rayonnement, de même que la condensation de la vapeur d'eau se produit lorsqu'elle cède sa chaleur à un corps plus froid. Cette condensation, qu'on pourrait appeler post-thermique, puisqu'elle suit une perte de chaleur, supposerait dans le cas considéré que la nébuleuse est à une température extrêmement élevée. Les corps qui la composent serait alors dissociés par cette température même ; et pour expliquer la faiblesse du rayonnement lumineux, on devrait admettre que les ondes électro-magnétiques qui caractérisent ce genre de température, tout en étant extrêmement rapides, n'auraient qu'un pouvoir rayonnant très réduit.

Cette forme de l'énergie, n'étant alors adaptable qu'à des éléments fondamentaux de la matière, donnerait à penser que la nébuleuse n'est composée que d'électrons isolés. Par diverses combinaisons, qui pourraient être dans certains cas endothermiques, les divers corps simples prendraient naissance, en même temps que l'abaissement de leur température à quelques milliers de degrés, accroîtrait considérablement leur pouvoir rayonnant. Les affinités de ces corps entre eux détermineraient, en même temps que la condensation, un dégagement de chaleur intense.

Mais cette hypothèse laisse de côté l'origine de la température initiale. Nous pouvons la modifier et partir d'un autre mode de condensation, avec dégagement de chaleur et élévation de température, qu'on pourrait appeler préthermique, parce que la condensation, au lieu de suivre une perte de chaleur, précède au contraire un gain de chaleur. On l'observe lorsqu'on comprime un gaz, ou dans les combinaisons chimiques exothermiques. Cette condensation peut être produite soit par une force extérieure de rapprochement, soit par une force intérieure d'attraction, d'affinité.

La condensation préthermique de la nébuleuse ne pouvant s'opérer que par le mode interne, la matière qui compose celle-ci ne peut être homogène et ses puissantes affinités ne s'expliquent que par une polarisation électrique de ses éléments. Ceux-ci, comme nous l'avons vu, sont vraisemblablement les électrons eux-mêmes. La substance génératrice se présente alors comme susceptible d'obéir aux lois des combinaisons les plus variées, lentes, rapides, ou même explosives. Il est à remarquer que ces dernières n'auraient pas du tout le caractère, qui nous est familier, des explosions en vase clos. S'opérant à volume constant, la combinaison rapide serait alors suivie ou accompagnée, non pas d'une dilatation, mais d'une violente condensation qui permettrait la dissipation de l'énergie calorifique dégagée, et son passage dans le milieu environnant. Les apparitions soudaines d'étoiles pourraient s'expliquer de cette manière aussi bien que par l'hypothèse simpliste du choc de deux astres refroidis, qui sans doute peut se réaliser parfois, mais ne semble pas admissible comme mode général de régénération des astres. Non seulement la force vive acquise par l'accélération du mouvement de translation n'est pas en rapport avec la chaleur perdue par rayonnement, mais les rencontres d'astres tendraient à n'en former qu'un seul bloc de matière, par agglomérations successives. Nous n'observons rien de semblable et il est très probable que l'évolution normale d'un système planétaire s'opère par des moyens plus conformes à l'harmonie générale de l'univers.

Ainsi l'origine des hautes températures qui caractérisent l'une des périodes du cycle évolutif astral serait dans l'état de dissociation d'éléments

matériels ayant entre eux une affinité des plus
énergique. Comment cette dissociation a-t-elle pu
s'opérer et se maintenir jusqu'au moment de la
réaction ?

Il est téméraire de formuler une réponse à cette
question dans l'état actuel de la science. Celle que
nous essaierons de faire n'est qu'une hypothèse,
pour laquelle nous ne rechercherons qu'une qualité : celle d'être rationnelle et conforme aux données scientifiques que nous possédons.

Si nous prenons comme point de départ le moment où la température est au point le plus élevé,
nous constatons que l'énergie du système semble
disparaître par le rayonnement dans l'éther. Mais
l'éther, avons-nous dit, est parfaitement diathermane, de chaleur spécifique nulle. Par conséquent,
il n'absorbe aucun travail sous forme de température, et il devrait se comporter comme un réflecteur
parfait, en ramenant la chaleur à son point d'émis-
sion. S'il en était ainsi, la température se main-
tiendrait constante indéfiniment. Or il n'est pas
douteux que le soleil et les planètes se refroidissent. La chaleur n'est donc pas réfléchie et comme
elle ne peut pas disparaître dans le néant, elle doit
donc se transformer quelque part dans l'éther. Il
est vrai que le système planétaire se déplaçant dans
l'éther on ne conçoit pas comment l'énergie acquise
par celui-ci pourrait ensuite réagir sur une matière
n'étant plus en contact avec lui. Mais on peut fort
bien admettre que le champ énergétique d'un astre
et l'éther qui le compose se déplacent avec lui.

Lorsque l'astre refroidi et physiquement épuisé
a terminé cette phase thermique de l'évolution,
l'éther, dans lequel s'est accumulée l'énergie rayon-
née, très probablement sous la forme électrique,
réagit sur la matière en la dissociant sans reversi-
bilité à la température du 0 absolu, et en la dis-

solvant dans l'espace qu'il occupe. Le travail qui s'opère contre l'affinité, c'est-à-dire en réalité contre les forces électriques, est donc accompli par des forces également électriques. Il ne saurait en être autrement dans les éléments fondamentaux de l'éther et de la matière, dans lesquels l'énergie ne peut revêtir que sa forme primordiale.

Pouvons-nous concevoir une réaction de ce genre? Non seulement nous le pouvons, mais nous pouvons en réaliser une démonstration expérimentale dont l'analogie n'est limitée que par notre impuissance à opérer sur l'infiniment petit.

Des éléments polarisés et indépendants, tels que ceux qui constituent l'éther, sont susceptibles d'être couplés de plusieurs manières différentes, qui feront varier leurs propriétés. La dépense d'énergie requise par ce couplage est d'ailleurs infime.

Supposons deux accumulateurs électriques de deux éléments chacun, ayant reçu la moitié ou les deux tiers de leur charge normale, et possédant une force électro-motrice de deux volts par élément. Mettons-les ensemble en circuit après avoir couplé le premier en tension, le second en dérivation ; nous aurons d'une part quatre volts, de l'autre deux. Le premier se déchargera sur le second jusqu'à équilibre des f. e. m., et le second gagnera la charge perdue par le premier.

Si la perte occasionnée, sous forme de chaleur, par la résistance du circuit était nulle, nous pourrions, en renversant le couplage, faire passer indéfiniment d'un accumulateur à l'autre une quantité d'énergie constante. Dans les éléments fondamentaux, on ne peut évidemment parler de pertes sous forme de résistance et de chaleur, puisque celle-ci n'est que la forme sous laquelle nous percevons l'une des apparences du travail électrique élémentaire.

L'évolution et le transport d'énergie s'expliquent donc par un simple couplage différent des éléments, qui deviennent tour à tour générateurs ou récepteurs. L'astre froid, se décomposant très lentement et à très basse température, en particules gazeuses ou plutôt électroïdes qui, dans ces conditions, ne réagissent pas chimiquement les unes sur les autres, est complètement réduit à l'état de nébuleuse, sauf peut-être quelques blocs de matière destinés à être le germe d'une nouvelle transformation. Il suffirait alors d'une légère élévation de température, survenant sur un point du volume gazeux, pour provoquer le réveil des affinités et amorcer la réaction thermique.

Le couplage des accumulateurs, dont nous venons d'indiquer le mode alternatif de charge et de décharge, peut s'opérer par une simple manœuvre de commutateur qui pourrait même être rendue automatique. La nature peut sans doute le réaliser, avec beaucoup plus d'élégance et de merveilleuse habileté par de simples orientations provoquées par le terme même d'une des phases aussi bien que par une volonté consciente. D'ailleurs si l'agencement du commutateur automatique d'un système tel que celui que nous avons donné en exemple exige l'intervention d'une intelligence, il ne paraît pas rationel d'admettre qu'une inversion automatique des périodes énergétiques par lesquelles vivrait le monde sidéral, puisse résulter du hasard.

Les cieux, dit le poète, racontent la gloire de Dieu. Quelle est donc la puissance de celui pour qui ces accumulations inouïes, écrasantes, d'une énergie physique qui remplit le monde, ne sont qu'une pensée écrite, un mode de représentation que notre volonté ne peut déranger qu'en empruntant une part de la science du constructeur ? Quand saurons-nous par quel miracle cette part de volonté matériellement désarmée, impuissante, qui vit en nous, peut saisir cet outil, le corps, pour triompher de la matière par la matière ? Peut-être devons-nous penser que la loi souveraine de polarisation trouve sa plus frappante expression dans l'incommensurable puissance dont l'immense univers accable notre faiblesse, comme dans la soumission de l'effroyable inertie de cet univers à l'effort invisible de l'infiniment petit et de l'immatériel. Par l'hypervide, la force psychique se glisse partout, pénètre en tout, accomplit ses mystérieux travaux que nous ne parvenons pas encore à comprendre. Et tandis que la gravitation, force immense et subtile que rien n'arrête, majestueux symbole de la puissance divine, règne sur le monde de la matière, une énergie infatigable anime ces forces protéiques, qui rayonnent, s'éteignent et renaissent, en rythmant le cours éternel de la vie.

V

Vie et conscience sur le globe terrestre. Le transformisme. Monisme matérialiste et monisme idéaliste. Mnémonie et somnose. Mémoire et idéal.

L'univers nous apparaît donc en éternelle évolution et cependant immuable dans le mouvement, car ses variations périodiques ramènent, dans ses divers éléments, des états analogues à intervalles plus ou moins éloignés. L'immuabilité absolue qui équivaut à l'immobilité absolue, n'est qu'un néant déguisé par un mot ; et, tout au contraire, l'univers réalise dans l'espace, à tout instant, la totalité des conditions d'existence possibles, chacun des astres les réalisant à son tour dans le temps. Nous ne pouvons guère connaître de ces conditions, que celles dans lesquelles nous sommes actuellement placés, et approximativement celles qui les ont précédées sur le globe terrestre depuis l'apparition des premiers êtres vivants.

Il résulte de nos observations que la vie matérielle n'est possible qu'entre des limites restreintes de température, de — 50 à 60 degrés à + 50 ou 60 degrés. Des germes animés peuvent bien résister aux plus grands froids sans perdre leurs propriétés reproductrices, et certains microbes résistent quelque temps à une température de 100 degrés.

Mais aucun ne peut supporter une température
plus élevée ; et la lumière, les radiations de l'ex-
tra-violet surtout, exerce sur tous les germes une
action destructrice telle qu'il est impossible d'admettre que la vie ait été ensemencée sur la terre
par des germes transportés à travers l'espace sidéral. Du reste, si on l'admettait, il faudrait quand
même expliquer l'origine des premiers germes, et
comme celle-ci ne pourrait être que ce qu'elle serait
en partant de la matière astrale, elle reviendrait à
celle que nous allons étudier.

Les végétaux rudimentaires, puis de plus en plus
développés, ramifiés, furent les premiers essais d'organisation matérielle dont les vestiges nous apparaissent dans les premiers éléments terrestres qui
se prêtèrent à l'éclosion de la vie. Puis les énergies
vitales en fermentation engendrèrent les cellules
indépendantes primitives, les animalcules. Ceux-ci
devenant de plus en plus complexes, donnèrent naissance aux animaux supérieurs ; puis enfin apparut
l'homme.

Cette succession graduelle, dans les couches su-
perficielles successives du globe, d'organismes évoluant vers une complexité de plus en plus grande ;
les modifications que subissent les individus soumis
à des conditions variables d'existence, éveillent tout
naturellement l'idée d'une parenté congénitale ou
collatérale de tous les êtres terrestres. De là est née
la doctrine du transformisme. La diversité des conditions physiologiques d'adaptation au milieu a suffi
à faire apparaître les variétés, les espèces, les genres, entre lesquelles se répartissent les différences
qui distinguent les unes des autres les diverses ra-
ces de vivants. Par l'hérédité, au contraire, se sont
conservées les similitudes entre membres d'une
même race. Pourtant le caractère de généralité que
l'on attribue à ces lois naturelles ne paraît pas aussi

étendu qu'il avait semblé tout d'abord. Il se produit des modifications brusques que ni l'hérédité,
ni l'adaptation ne peuvent expliquer. Et tout récemment, il a été reconnu que l'analogie de constitution
anatomique ne prouvait aucunement une filiation
organique directe, les ressemblances, les affinités
des tissus cellulaires ayant à ce point de vue une
importance beaucoup plus grande.

Le transformisme sert de base à une théorie matérialiste de la vie. Les causes purement physiques
d'adaptation, de sélection, d'hérédité, auraient fait
l'homme ce qu'il est. La conscience ne serait tout
au plus qu'un instrument et ce seraient les forces
physico-chimiques qui, en la produisant, seraient
les véritables causes de ce développement merveilleux qui aboutit à l'homme. Au début, les actions
exercées par le milieu sur l'organisme amenaient
dans celui-ci, formé d'éléments en équilibre insta-
ble, des réactions indifféremment utiles ou nuisibles. Mais les organismes chez lesquels se produi-
saient des réactions nuisibles disparurent rapidement et il se produisit une sélection des réactions
utiles, lesquelles transmises par l'hérédité, finirent
par constituer la population vivante de notre planète. Comme nous l'avons déjà dit, les diverses
conditions de vie et de milieu expliquent les différentes variétés d'organismes. Et il arriva forcément
un moment où les forces physico-chimiques ordinairement en action dans la matière devenant im-
puissantes à permettre une évolution plus complète, l'activité psychologique apparut.

Dans cette thèse, tout ce qui reste dans les limites de l'observation et de l'expérience est parfaitement exact. L'évolution s'explique très logiquement en tant que matérielle, appliquée à un
organisme qui ne peut qu'obéir dans la plus large
mesure aux lois qui régissent la matière. Mais ce

qui est fortement douteux, c'est l'exactitude de cette
affirmation : que l'activité psychologique, la conscience pour l'appeler par son nom, provient de l'organisme, c'est-à-dire en définitive de la matière.
Nous nous retrouvons donc directement en face du
postulat matérialiste qui peut se formuler de deux
manières différentes : la matière inconsciente engendre la conscience en s'organisant ; ou bien la
matière possédant la conscience élémentaire acquiert par l'organisation un degré de conscience
supérieur.

Déjà, à première vue, nous voyons poindre de
sérieux dissentiments entre ces hypothèses et la
raison. Si la matière est inconsciente et si elle n'est
pas même l'œuvre d'une conscience, elle ne peut
avoir avec celle-ci aucun rapport. Elle ne peut engendrer la conscience en vertu de cet axiome : du
néant rien ne peut naître ; et pour la conscience
elle est bien un véritable néant. Alors, ce serait
donc une création *ex nihilo*, par une matière demeurant matière, qui expliquerait cet enfantement
inintelligible ? Il nous semble qu'il n'est pas permis d'admettre comme explication de la vie consciente une proposition qui en accordant à la
matière inconsciente le pouvoir créateur qu'elle con-
teste avec raison à un Dieu conscient, dépasse
toutes les limites du problématique et devient complètement absurde.

Il est vrai que l'impossibilité où se trouve la
matière, et tout aussi bien les forces physico-chimiques, de produire la conscience, disparaîtrait si
la matière ou les forces cessaient alors d'exister
sous leur propre forme. Ce serait une simple transformation et il faut obligatoirement admettre que
la transformation inverse est possible : la conscience pourrait, en s'atténuant, en disparaissant, se
transformer en force et en matière. Mais alors pour-

quoi voudrait-on que la suprématie revienne à la
matière quand la conscience conserverait toujours
sur elle cette supériorité : la connaissance ?

Voyons maintenant la seconde formule où la matière possédant la conscience élémentaire, il résul-
tera de son organisation une individualité consciente supérieure. La matière peut-elle posséder
réellement la conscience élémentaire, et l'organisation peut-elle en faire une unité psychiquement
plus puissante ? C'est ce que nous allons discuter.

Définissons d'abord la conscience. Elle est la
faculté de percevoir, de sentir, de connaître, d'imaginer, de juger et d'agir qui apparaît clairement
dans l'être vivant arrivé à un certain degré de complexité. Energie particulière et extrêmement subtile, elle relie l'indéterminé, le mental, l'inétendu
avec le phénomène et la matière. Son rôle nous est
connu car il n'est pas un instant de notre activité
qui ne lui soit subordonné directement ou indirectement. Elle est essentiellement individuelle et
finaliste. L'acte de conscience, phénomène lui-
même puisqu'il est intermittent, est une manifestation de l'existence et de l'activité d'une entité
immatérielle que nous appelons l'âme. L'âme se définit, comme la conscience qui est son état actif,
par deux facultés principales dont les relations
sont conformes à la loi de polarisation générale :
ce sont l'intelligence et la sensibilité, qui ne peuvent exister l'une sans l'autre.

Nous voyons la conscience, élaborée par l'âme
à des degrés très divers, puiser la connaissance
qu'elle a d'elle-même dans ce qui en diffère et lui
est extérieur. Elle se perçoit indirectement, comme
par réflexion, et dans ce qui est relatif à elle dans le
milieu où elle vit. Cette connaissance de soi qu'elle
possède provient d'abord de ses rapports d'identité
avec d'autres consciences, également individuelles,

et des différences qui la séparent du monde extérieur, qui s'étend par dégradation jusqu'à la matière inorganique. Dans celle-ci, ce n'est pas une
relation de conscience à conscience que l'âme saisit, mais plutôt un rapport entre elle et les apparences d'une œuvre de la conscience. Si la matière
pouvait être créée par un concours de circonstances où l'intelligence n'aurait aucune part, elle serait par cela même inaccessible à cette intelligence.
Elle nous apparaîtrait dénuée de toute signification, absolument incompréhensible, et peut-être,
probablement même, n'aurions-nous pas de sens
pour la percevoir.

Mais il y a loin de la matière œuvre de la conscience à la matière spécifiquement consciente. Il
y a un fait qui est hors de doute : il y a beaucoup
de matière sans âme ; et en quantité beaucoup
moins grande, de la matière qui peut sembler consciente à une vue superficielle, de la même manière que le soleil semble tourner autour de la
terre.

Cette conscience élémentaire dont le matérialisme gratifie la matière, nous ne pourrions constater son existence que dans la cellule organisée ;
mais quelle différence entre elle et celle de l'homme !
Et comment l'organisation physiologique va-t-elle
la combler, alors que les éléments les plus subtils
du corps : l'atome, l'électron, l'éther, ceux qui peuvent le mieux s'adapter aux fonctions immatérielles qui forment la conscience supérieure, en seraient précisément dénués. Si nous n'observons
dans l'organisme rien qui puisse nous prouver
l'existence de l'âme, cette même observation se retourne avec encore plus de force contre l'hypothèse d'une matière consciente. Et alors il nous
faut admettre que l'organisation, l'association d'é-
léments presque inconscients, déjà de dimensions

relativement grandes, fait seule apparaître ces intenses phénomènes de conscience que nous connaissons. Voyons donc si nous le pouvons.

L'aboutissement de cette association est une nouvelle individualité, constituée par l'ensemble des
cellules organisées. L'unité relative de cet ensemble n'est pas impossible, quoique difficilement réa-
lisable. On pourrait admettre que l'organisation
physiologique unifie les consciences élémentaires
en leur imposant des perceptions, des sensations
communes et identiques, de sorte que chacune
d'elles, ignorant d'autre part l'existence de ses semblables, croirait être l'unique maîtresse du corps.
Un nombre quelconque de personnes voyant, entendant, sentant exactement les mêmes choses de
la même manière, ne formerait en somme, qu'une
seule personnalité unifiée par l'illusion commune
pendant tout le temps que durerait celle-ci, chacune de ces personnes pouvant se figurer être la
seule à éprouver ces sensations communes.

D'ailleurs, un milliard, un nombre infini d'individus ainsi groupés ne seraient pas différents d'un
seul, au point de vue de la puissance psychique ;
il n'y aurait pas d'accroissement de celle-ci. Il est
vrai que l'association et l'organisation ont une certaine valeur psychologique ; mais si elles renfor-
cent l'action des individualités, c'est seulement relativement au but poursuivi par l'association, et
dans la mesure des facultés de chacun. Elles pla-
cent l'individu dans un milieu plus favorable à la
complète expansion de certaines facultés, nuisible
à d'autres. Mais elles ne sont pas le moteur de cette
expansion ; la collectivité réagit bien sur l'individu, mais c'est celui-ci qui *agit* pour former et
développer la collectivité.

L'organisation d'une mentalité collective ne peut
d'ailleurs résulter que du travail d'individuali-

tés directrices, supérieures à la moyenne de celles qui leur obéissent. Le groupement le mieux organisé est celui qui rapproche le plus l'ensemble des actions collectives, de l'unité de l'action individuelle. Il faut donc reconnaître la supériorité intrinsèque de l'individualité, représentée par la conscience. On ne peut donc pas faire engendrer celle-ci par la collection des cellules cérébrales, quelle que soit l'organisation qu'on leur prête. De deux choses l'une : ou toutes les cellules cérébrales sont au même niveau psychique, perçoivent et sentent toutes identiquement ce que nous croyons percevoir et sentir ; ou elles ne sont que des instruments au service d'une conscience indépendante d'elles dans son existence propre. La première de ces hypothèses est en contradiction avec nos connaissances physiologiques ; nous devons donc nous rallier à la seconde.

Revenons maintenant au rôle joué par la conscience dans l'évolution des êtres vivants. Le matérialisme nous dit que la nature tend à accumuler les effets de toute une longue série de réactions utiles et que la conscience résulte de cette accumulation sans qu'il y ait là la moindre finalité. Finalité ou non, à quoi aboutit la nature ? Non seulement à la conservation des êtres vivants, mais à une adaptation progressive au milieu, de plus en plus complète, coïncidant avec un magnifique développement de l'intelligence. En somme, cette adaptation tend vers la vie de plus en plus variée et intense, et elle marche vers une prise de possession du milieu universel par la conscience. Les aspirations psychiques devancent de loin le développement organique ; et la conscience, agent de volonté et d'action, s'affirme comme cause, et non comme résultat du progrès, avec une indiscutable évidence. Et non seulement du progrès mental, représenté par les sciences, mais on pourrait dire du progrès organique, car nos machines souvent si ingénieuses et compliquées sont bien de merveilleux organes qui font ressortir la pauvreté de ceux que nous accorde la lente et impuissante évolution matérielle. S'il arrive que les outils forgés par l'homme modifient son genre de vie et même, en partie, sa mentalité, il est bien certain qu'ils le conduisent à ce qu'il a voulu être, mais ne le font pas ce qu'il est. Il en est de même de l'organisme.

Si la constatation des imperfections naturelles nous est permise : défectuosités anatomiques ou physiologiques des organismes, absence de morale, cruauté dans les rapports mutuels des êtres vivants, nous le devons aussi à cette avance de l'âme sur le corps, de l'évolution psychique sur l'évolution organique. Si celle-ci pouvait limiter strictement celle-là, ou encore si elle la produisait, tout état personnel, quel qu'il soit, nous apparaîtrait comme le plus logique, le mieux adapté, le seul possible. Et la connaissance d'une graduation dans la complexité organique des êtres ne nous suggérerait pas plus l'idée, le besoin du progrès, que la vue d'une échelle ne nous incite à gravir ses échelons.

Alors, comment admettrait-on que cette conscience, dont l'évolution laisse bien en arrière l'organisme attardé, ait été engendrée et développée par celui-ci. Les matérialistes se tromperaient-ils, ou bien devons-nous penser que la nature ayant lâché la bride à la conscience *emballée*, n'est plus en état de l'arrêter ? Sans doute, le matérialisme, qu'on pourrait accuser de myopie, a pris comme d'habitude la réaction pour l'action, l'effet pour la cause ; et la matière engendre la conscience comme le cheval dut s'adapter le cavalier.

Devant l'impossibilité d'attribuer logiquement ou expérimentalement à la matière la suprématie

sur la conscience, le matérialisme se rejette sur
l'inutilité de celle-ci. Et tout absurde et contraire
à l'évidence que cela puisse paraître, il se trouve
des gens pour affirmer qu'en nous tout est pur
mécanisme, la conscience que nous avons de nos
actes étant tout à fait inutile à leur accomplisse-
ment.

Cette conscience, on la décrète donc purement
contemplative, bien que nous ayons la conviction
intime absolue que c'est elle qui nous fait agir. Un
navire qui franchit l'Océan est dirigé en réalité par
les rayons lumineux qui frappant sur la boussole,
sont réfléchis dans l'œil du timonnier. Les mouvements de la ligne de foi du navire sur le cadran
du compas déterminent dans le cerveau de l'homme
de barre des réflexes, qui actionnent les bras de ce
matelot. Celui-ci éprouve bien, entre la perception
des déviations et les mouvements qu'il fait pour
s'y opposer, l'impression que sa volonté détermine
ces mouvements. Mais c'est une simple illusion
que tout le monde partage. La conscience, c'est
une espèce de fantôme, d'ombre impuissante, qui
a la manie de se figurer qu'elle fait tout alors
qu'elle ne fait rien.

On peut donc se demander ce qu'elle vient faire
dans cette galère, le plus souvent pour souffrir ; et
comment la nature, en somme si bonne mécani-
cienne en ce qui concerne la matière, a pu ajouter
à son admirable travail une superfétation aussi ridicule. Malheureusement pour la thèse mécaniste qui
fait de la conscience une illusion, il en résulterait
que la science ne peut être alors qu'une illusion
non moins grande et non moins générale. Et la
conscience de l'auteur de cette thèse étant logée à
la même enseigne, on peut se demander comment
elle peut démontrer sa propre inutilité.

Du reste, dans toute idée matérialiste, l'erreur

est toujours assaisonnée de vérité. Il est certain qu'étant donnée une illusion générale, la vérité consisterait à prendre le contrepied de cette illusion. Mais il faudrait commencer par démontrer qu'on a bien affaire à une illusion, et se servir pour cela de la conscience c'est, dans le cas présent, ressembler à l'homme en danger de se noyer se saisissant lui-même par les cheveux pour s'empêcher de couler à fond. Car on ne peut pas plus se servir de la conscience pour prouver son inutilité, qu'on ne peut se servir d'une chute d'eau pour faire remonter le ruisseau qui l'alimente vers sa source.

Il n'y a donc que l'observation ou l'expérience qui pourraient démontrer cette inutilité si étrangement associée à la conviction du contraire. Supposons, ce qui n'est pas, et vraisemblablement ne sera jamais, qu'une telle expérience puisse avoir lieu : Qu'à côté d'un homme intelligent apparaisse un sosie exactement semblable, exécutant les mêmes actes dans les mêmes conditions, sans que la conscience y prenne aucune part. Entre les deux, il y aura toujours la différence de conscience qui fera l'un plus complet que l'autre ; et l'incomplet sera donc inférieur, toutes choses égales d'ailleurs. Et cet être hypothétique n'existe même pas. La seule ressource qui reste au matérialiste pour démontrer que son hypothèse n'est pas qu'une plaisante boutade, c'est de placer une feuille de papier sur son bureau, de s'asseoir la plume à la main, et d'attendre en pensant à autre chose ou à rien, que sa main trace d'elle-même la condamnation définitive de la conscience directrice. Et encore, qui sait si quelque phénomène psychique facétieux ne lui ferait pas écrire tout le contraire.

Ainsi le matérialisme, dans l'horreur qu'il professe pour la finalité, se laisse entraîner beaucoup plus loin que la raison et l'expérience le permettraient. Il fait la contre-partie de l'idéalisme pur, qui nie la réalité du monde sensible et ne reconnaît que celle de l'esprit. Et en cela s'affirme une fois de plus avec évidence la loi fondamentale de polarisation.

Pourrions-nous donc accepter avec plus de raison ce système opposé ? N'y a-t-il vraiment de réel que l'esprit, et qu'entend-on sous ce nom dans cette doctrine philosophique. Est-ce le pur esprit, totalement isolé de toute substance formelle, par conséquent unité inintelligible et forcément inactive ? On ne peut l'admettre. Est-ce la conscience ? Nous la voyons disparaître et reparaître sans que rien du monde extérieur paraisse changé. La conscience, en tant que phénomène, n'est qu'un des aspects, une fraction de la vie de l'esprit. Nous constatons avec la plus grande évidence que pendant les intervalles de temps où elle disparaît, elle trouve un refuge et le repos dans le milieu organique qui en assure la continuité personnelle, sinon l'individualité. Si ce milieu n'est pas réel, l'esprit peut-il l'être davantage ?

Tout ce qui est vrai est réel, et il n'y a d'irréel que les erreurs de l'imagination ou de l'entendement ; et encore sont-elles bien réelles en tant qu'erreurs, participant du pôle opposé à la vérité. Le monde sensible, même conçu comme une représentation que l'esprit s'offrirait à lui-même, n'en participerait pas moins de la réalité, d'une réalité hors de laquelle l'esprit serait peut-être incapable d'avoir la notion claire de son existence. La variabilité de ses apparences ne change pas leur qualité absolue. Tout est, dans la nature, subjectif et en même temps objectif, à un degré de polarité plus ou moins difficile à préciser. Tous les phénomènes, quels qu'ils soient, sont réels et vrais.

L'écueil de la philosophie est cette tendance vers

la recherche de l'unité absolue, qui ne peut aboutir qu'à l'inintelligible quand elle n'est pas arrêtée en chemin par des contradictions flagrantes avec les faits et avec les lois naturelles. Le matérialisme et l'idéalisme ne s'excluent pas mutuellement ; ils se limitent et se partagent le monde ; il en est de même du finalisme et du mécanisme.

Si l'on veut rester dans les limites de l'intelligible, faire de la philosophie rationnelle et compréhensible, comme on fait toute chose pratique, on ne peut aboutir au monisme, ni matérialiste, ni spiritualiste. Même en acceptant la conscience comme le terme fondamental de toute analyse, on trouve son individualité unitaire, prépondérante sans doute, mais inséparable de son caractère de polarité. Par l'intelligence et la sensibilité, une perception réelle peut être possible dans l'immatériel, chacune pouvant être sujet et objet de connaissance pour l'autre. Mais ce ne serait là qu'une vie latente, confuse, inconsciente même bien souvent, car la conscience se détourne bientôt d'un objectif unique. C'est par la matière, qu'elle soit corps charnel ou éthéral, que l'âme peut être active, c'est-à-dire vraiment vivante. La conscience, du reste, est bien *l'ultima ratio ;* l'automatisme, le mécanisme ne sont que l'expression de la loi de polarisation que la conscience s'est elle-même imposée pour vivre. Et par quoi le moniste lui-même essaie-t-il de conclure à l'hégémonie de la matière, sinon par son intelligence ? S'il ne réussit pas, c'est précisément parce que les preuves qu'il tente de donner de la supériorité matérielle, il les doit à la conscience, qui reste au-dessus d'elles.

Passons de la conscience à l'âme dont elle est la révélation. Personne n'ignore que celle-ci n'est pas toujours active et qu'à certains moments, rien ne décèle plus sa présence dans un corps vivant, si l'on admet, ce qui semble exact, que la vie purement physiologique est inconsciente. Pendant le sommeil sans rêves, pendant une syncope, où donc est l'âme ? Puisqu'elle n'est pas anéantie et qu'elle reprend si facilement son activité interrompue, il faut bien qu'il existe un état particulier dans lequel elle demeure latente, et prête à reprendre contact avec la vie matérielle. Cet état de l'âme, inverse de l'état d'activité, pôle opposé de la conscience, nous lui donnerons le nom de *mnémonie*. Et la faculté psychique qui en permet l'existence n'est pas autre chose que la mémoire.

Il importe de bien saisir la différence qui distingue la mnémonie de la somnose. La mnémonie étant un état de l'âme inconscient et la somnose étant une sorte de sommeil psychique, il semble que tous deux devraient se confondre Il n'en est rien. La mnémonie est un état d'inconscience toujours complète, tandis que la somnose porte sur une infinité de degrés de la conscience, depuis le minimum, état mnémonique pur, jusqu'au maximum qui comporte la conscience intégrale, c'est-à-dire la connaissance de tout. Chez l'homme qui dort sans rêver ou s'évanouit dans une syncope, l'esprit est à l'état mnémonique. Et dans l'esprit à l'état transcendantal, par conséquent hors de la somnose, l'exercice de la conscience intégrale peut être interrompu temporairement, grâce à l'existence de la mnémonie, sans changement de l'organisme éthéral. Pendant l'état somnosal, tout ce que la conscience n'atteint pas reste à l'état mnémonique dans l'âme. En un mot, l'âme peut passer rapidement et directement de l'état actif à l'état mnémonique dans toutes ses phases d'existence, tandis que la somnose se produit et se modifie graduellement et très lentement à intervalles périodiques éloignés.

Il existe quelque analogie entre la loi d'Ohm,

dont la formule s'applique à l'énergie électrique, et celle qui représenterait l'activité psychique. Nous pourrions poser, en effet :

$$\text{Loi d'Ohm : } i = \frac{e}{r}; \text{ intensité} = \frac{\text{force électro-motrice}}{\text{résistance}}$$

$$\text{Loi animique : } c = \frac{a}{s}; \text{ conscience} = \frac{\text{force psychique}}{\text{force somnosale}}$$

La somnose serait donc analogue à une résistance contre le maintien ou le réveil de l'activité consciente totale, résistance d'ailleurs lentement variable, due probablement à l'organisme éthéral ou matériel dans lequel l'âme est incorporée. Ce serait une sorte d'inertie psychique n'ayant pas de valeur constante, augmentant avec l'invariabilité et l'unité apparente de l'objectif de la conscience ; dépendant aussi de l'état de liaison des éléments de l'organe de la pensée, qui fait que ces éléments ou bien travaillent tous à la fois et ne bénéficient d'aucun repos, ou bien se reposent tour à tour par le changement de travail mental. Nous voyons en effet les animaux céder facilement au sommeil et dormir fort longtemps, bien que non fatigués physiquement. L'animal pense certainement, mais péniblement, parce que ses idées ne sont pas assez variées et qu'elles affectent la plus grande partie du cerveau. Ces idées doivent être plutôt vagues et synthétiques que précises, pour la plupart, et elles doivent déterminer une fatigue psycho-cérébrale très rapide. Certains hommes, au contraire, sont doués d'une puissance de travail mental prodigieuse. Cela tient à ce que la variété des pensées, et la répartition de celles-ci entre les divers organes du cerveau beaucoup plus spécialisés, permet à une partie de ceux-ci de se reposer pendant que d'autres travaillent.

Dans l'esprit désomnosé et à l'état éthéral, il s'ensuit que les organes de la pensée doivent être plus développés, plus spécialisés ; et que leur inertie, comme celle de l'éther, est nulle ou très faible. Quant à la mnémonie, elle est rendue possible, dans tous les états, par l'enregistrement physique ou physiologique des fonctions de la mémoire dans l'organisme, d'où résulte l'adaptation, la connexion du passé au présent. Sans elle, l'âme vivrait sans doute dans un présent perpétuel. Elle ne connaîtrait peut-être pas ces poétiques mirages du souvenir, qui embellissent les choses du passé et les rendent parfois si idéales qu'elles semblent appartenir à quelque autre vie, où une part de l'âme serait restée.

C'est de la mnémonie, sans doute, que surgirent le plaisir et la douleur qui apparurent à l'origine de la vie terrestre, et par lesquels se manifesta pour la première fois la conscience. C'est par la sensation que l'âme s'accouple à la matière, et elle dut précéder l'intelligence dans la formation des êtres vivants matériels. Qu'elle provienne d'une mémoire, on en trouverait une affirmation dans ce fait admis par la théorie transformiste, que la concordance n'existait pas entre la sensation et les besoins de l'organisme. Il fallut pour réaliser cette concordance une longue et rigoureuse sélection ; et cependant elle est loin d'être complète. La conscience, obéissant à une mémoire autant qu'à une excitation, peut se tromper dans la réponse qu'elle fait à celle-ci. Certaines visées de la conscience, qui lui étaient coutumières dans un autre milieu, et y étaient rationnelles, ne seraient-elles pas la cause de tout le mal moral que nous constatons, avec

l'obéissance instinctive à cette loi : rechercher le
plaisir, fuir la douleur.

Il est étrange que la conscience, ce facteur puissant d'évolution, possédant dans certaines conditions un pouvoir analgésique considérable, n'ait
pas abouti à la suppression de toute douleur qui ne
serait pas strictement nécessaire à la conservation
de l'organisme. La douleur morale, au contraire,
semble croître avec l'affinement de la sensibilité,
et pourtant le temps n'a pas fait défaut à l'âme
pour l'atténuer, puisque les formes de la vie lui
sont connues de toute éternité.

Peut-être faut-il voir dans cette impuissance une
volonté qui serait l'indice d'un état transitoire et
bref ; l'âme, sans doute, n'habite pas longtemps le
corps humain. Une conscience notablement évoluée
n'est plus à sa place dans notre milieu et ses imperfections lui sont pénibles. Ces hautes aspirations qui
sont en elles, comment les expliquer sans sa perpétuité? On a raillé l'idée d'immortalité comme une
orgueilleuse prétention de l'homme à vouloir arran-
ger les lois de l'univers au profit de sa petite et
prétentieuse personnalité. Mais il n'y a rien de petit
dans la nature, qui repose tout entière sur l'infini-
tésimal, sur l'invisible ; et cette idée, ce désir humain est une de ses lois, qui ne peut demeurer
sans but [1].

On pourrait dire que les obscures tendances mnémoniques, comme les hautes aspirations de l'âme
humaine, nous renseignent sur les facultés dont
l'usage lui est habituel. Quels sont donc les désirs
les plus manifestes de l'idéal supérieur que rêve

---

1. Ce n'est pas par l'importance que nous attachons à notre
propre conservation que nous concluons à sa nécessité, mais
parce que s'impose l'existence d'un fondement psychique indestructible à ce phénomène éternellement répété qu'est la vie
consciente.

l'humanité? Ce sont, dans l'ordre purement moral : la concorde, l'affection, la justice, l'intelligence, d'où découle le bonheur moral. Dans l'ordre physique ce sont : la force, la santé, la beauté corporelle ; la vitesse de translation [1] et la possibilité de pénétrer dans tous les milieux, la multiplicité et la délicatesse des sens, la durée infinie de la vie, tantôt active, tantôt délicieusement reposante. Ces rêves sublimes de l'âme humaine sont-ils donc des illusions pures : ou ne sont-ils pas, plutôt, des souvenirs nostalgiques d'une existence libre et heureuse ?

1. Un singulier phénomène résulte de la vitesse de translation, et paraît d'origine mnémonique Tous les cyclistes et automobilistes savent qu'il suffit de regarder fixement un obstacle pour se diriger directement sur lui, même avec la ferme volonté de l'éviter ; il faut viser, pour l'éviter, la place où l'on doit passer. Le corps en mouvement libre et rapide tendrait donc, par ses réflexes physiologiques, à suivre directement la direction du regard.

Polarités éleotro·magnétiques et psychi· ques. Mnémonie et mémoire. Le corps éthéral et la sanction morale de la vie. Phénomènes d'extériorisation de l'éthéral.

En étudiant la constitution de l'univers, nous avons défini la matière. Nous avons reconnu que l'étendue, propriété par laquelle elle se caractérise autant que par l'inertie, appartient également à l'éther, qui n'est, en somme, qu'une matière impondérable, allant jusqu'à l'extrême limite de la divisibilité. L'hypervide, limitant partout dans l'infiniment petit l'atome éthéral comme l'atome matériel, étend donc dans l'espace entier son réseau à mailles fines et serrées, qui enveloppe toutes les formes. Cette quatrième dimension, par laquelle on tente parfois d'expliquer la possibilité des mystérieux phénomènes psychiques, pourrait n'être que ce milieu immatériel.

Il est évident que la loi de polarisation fait de l'hypervide le pôle opposé à la matière pondérable ; et que l'âme, pour s'adapter à celle-ci, ne pourra que faire coïncider, accorder, ses propres fonctions immatérielles avec les fonctions énergétiques analogues du corps. Plus ou moins localisée dans l'hypervide, l'âme ne connaît les excitations venant de l'extérieur vers elle que par les formes et les mouvements des atomes que délimite cet hypervide, et par ses réactions. Ainsi, tout en ne participant pas de l'étendue par sa nature propre, cette âme est en relation avec elle par le lieu où elle réside.

Elle s'unit donc, par sa polarité intelligence-sensibilité, à la polarité éthérale atome-hypervide. La physiologie nous renseigne suffisamment sur les caractères et la localisation des qualités psychiques, pour que nous puissions admettre que le pôle intelligence s'allie à l'hypervide et le pôle sensibilité à l'atome. La perception de la matière par l'intelligence, nette et précise, répond bien à l'emprise de l'immatériel conscient sur l'atome. La sensation, l'émotion, qui agitent la matière, sont aussi bien conformes à ce que peut être la perception, par l'atome sensibilisé, de cette intense mais vague présence de l'âme vivante, immatérielle.

La loi psychologique qui fait du sujet et de l'objet d'une perception une dualité polarisée, irréductible à l'unité, nous amène à un résultat identique. L'hypervide et l'âme ne peuvent être perçus que par l'atome éthéral, qui est en dehors d'eux, et eux seuls peuvent percevoir cet atome. Mais celui-ci, par lui-même inconscient, ne perçoit que par le pôle sensibilité de l'âme, qui lui est adapté. De sorte que l'atome, simple matière éthérale, devient la base de l'organisme par lequel l'âme, de latente et inactive qu'elle est dans l'immatériel, devient apparente et agissante.

Les lois physiques et les lois psychiques obéissant à la loi de polarisation, concordent certainement dans cette adaptation directe de l'organisme à l'âme, où elles sont en contact étroit. Et puisqu'il existe une conductibilité et une résistivité électromagnétiques, il existe évidemment des propriétés psychiques analogues. Cela semble d'autant moins douteux qu'elles sont la condition fondamentale de

toute individualisation, de toute divisibilité, et par
conséquent de toute polarisation. De même, au
champ d'influence ou d'induction électro-magnétique doit correspondre un champ d'induction psychique. Et de même aussi qu'un circuit magnétique
peut étendre une partie de son énergie dans ce
champ extérieur, ou peut rester concentré sur lui-
même, le champ d'énergie psychique peut être
extérieur ou intérieur et correspond aux états d'activité ou de sommeil.

Nos sciences humaines sont encore trop peu avancées, pour nous permettre de développer et de préciser les concordances ou les différences existant
entre les lois physiques et psychiques. Pourtant,
nous pouvons nous servir de certaines analogies
pour représenter symboliquement certaines relations de l'âme et de l'organisme.

Si nous considérons un aimant *a*, *b*,
auquel on ajoute un morceau de fer doux *f*,
nous voyons que le *b* pôle de l'aimant se
transporte en *f* et l'ensemble se comporte
comme un nouvel aimant *a f*.

Le couplage âme-atome s'opère dans des
conditions analogues. L'âme *i*, *s*, occupant
l'hypervide projette dans l'atome *a* son pôle
sensibilité *s*, de sorte que celui-ci paraît
émerger de l'atome lui-même en *s'*.

D'autres relations physico-psychiques montrent
également de singulières analogies. Il s'agit du couplage des polarités d'après leurs signes semblables
ou contraires.

Les lois du couplage des aimants sont bien connues. Deux aimants couplés par les pôles de même
signe, se repoussant, nécessitent une dépense
d'énergie pour être assemblés, et les champs magnétiques extérieurs s'additionnent. Deux aimants
couplés par leurs pôles opposés, s'attirant, tendent

à se coupler d'eux-mêmes lorsqu'ils sont suffisamment rapprochés, et à rester couplés. Leur champ extérieur diminue et peut devenir presque nul.

Considérons maintenant deux polarités psychiques, par exemple : $\dfrac{\text{bien-mal}}{\text{plaisir-douleur}}$; nous avons une dépense d'énergie psychique avec conservation de cette énergie. En effet bien et plaisir sont des pôles analogues ou semblables et mal est de même avec douleur. L'attribution des signes n'est donc pas arbitraire et le résultat du couplage correspond bien aux relations de polarité.

Si nous faisons le couplage contraire $\dfrac{\text{bien-mal}}{\text{douleur-plaisir}}$, celui-ci aura une tendance à se produire de lui-même à un moment donné, avec disparition d'énergie psychique. Le premier couplage représente donc la tendance au bien, qui exige de la force d'âme ; le second la tendance au mal, qui entraîne si facilement, et ses suites morales.

Prenons maintenant la polarité physique atome-hypervide et la polarité psychique intelligence-sensibilité ; le couplage représente celui de l'âme avec l'organisme. Si nous faisons le couplage de même signe : $\dfrac{\text{atome-hypervide}}{\text{sensibilité-intelligence}}$ nous avons une dépense d'énergie physico-psychique avec conservation du champ d'induction ; c'est l'état conscient.

Le couplage contraire tend à se produire seul avec annulation du champ d'induction psychique ; c'est l'état latent, qui correspond à une dégradation d'énergie et à l'inconscience.

Dans ce second cas, l'attribution des signes peut sembler plus arbitraire ; il n'en est rien. Il correspond bien à ce que nous connaissons sur la localisation des fonctions psychiques. Sans attacher d'ail-

leurs, à ces analogies entre certaines lois de l'énergie
physique et de l'énergie psychique, une importance exagérée, il faut reconnaître qu'elles sont
extrêmement intéressantes.

Pour en revenir à la conscience, l'expérience
nous permet de constater qu'elle se caractérise
nettement par son individualité ; elle s'identifie
avec un organisme et se déplace avec lui. Si nous
posons en principe que la totalité de l'hypervide
universel est occupée par l'âme, nous devrons
admettre qu'il se partage entre une âme, une conscience universelle, unificatrice, individualité générale ; et des âmes, des consciences particulières, à
des degrés divers de puissance psychique.

L'hypervide occupé par une individualité quelconque doit donc être isolé de l'hypervide général
en même temps que de celui qu'occupent d'autres
individualités. Or c'est dans la matière organisée
qu'est localisée chaque âme individuelle ; cette
matière est donc un isolant psychique dont la résistivité plus ou moins grande dépend de conditions
qui ne nous sont pas encore connues. Toutefois,
son pouvoir isolant ne peut intercepter complètement toute communication entre les consciences
partielles et leur hypervide, et la conscience et l'hypervide universels. D'autre part, à l'état éthéral
surtout, ce pouvoir isolant est contrebalancé par
l'induction physico-psychique, de sorte qu'aucune
individualité n'est complètement soustraite à l'effet
direct de certaines influences psychiques qui diffè-
rent, par leur mode de propagation, des actions
ordinaires produites par l'intermédiaire des forces
matérielles.

Puisque la polarité entraîne nécessairement l'individualité, et que chaque conscience représente un
des éléments psychiques absolus de l'univers, l'âme
étant par définition éternelle et par conséquent

parfaite, il s'ensuit que chaque individualité consciente est indestructible. Comme conséquence, ces individualités sont dans l'univers en nombre invariable. A chaque âme est attachée un organisme éthéral dont les modifications suivent les lois de l'évolution psychique. Aucune âme, ainsi que nous venons de le dire, n'est d'ailleurs absolument isolée, même dans l'hypervide. Et c'est à cet ensemble indissoluble : âme et corps éthéral, que s'applique le nom d'esprit.

Nous pouvons imaginer l'organisme éthéral comme composé d'éther à un certain degré d'agrégation, localisant, isolant, une fraction de l'hypervide général, comme par une sorte de membrane impondérable épousant les formes les plus diverses, sous l'influence de la volonté. Le déplacement direct de cet organisme pourrait résulter d'une simple translation par induction électro-psychique, sans entraînement d'éther, se propageant dans tous les milieux qui ne sont pas réfractaires à l'induction. L'éther peut fournir les matériaux des formes organiques les plus variées, et s'adapter aisément à la construction, par la conscience, de tout ce qui peut en être la représentation ou l'instrument.

Moyen de représentation, instrument d'action, l'éther et la matière ne sont que cela. Ils sont le moyen que l'âme emploie pour donner à ses perceptions le relief, la précision, l'intensité et par lequel elle sort du rêve.

Dans ce rêve, comme dans le repos profond auquel elle s'abandonne de temps en temps, c'est à la mémoire que l'âme confie le soin de garder intacte sa personnalité. Mais la mémoire est soumise, comme tout ce qui existe, à la loi de polarisation ; elle comprend l'enregistrement et la reconnaissance. Comment pourrons-nous donc concevoir les rapports qui existent dans l'esprit entre l'état

mnémonique et l'état de conscience remémora-
trice ?

Les progrès de la science et ceux de l'industrie
qui en résultent ont élargi considérablement le
champ de l'imagination rationnelle. Si nous considérons la mémoire proprement dite comme la
reconnaissance par la conscience des états d'âme
précédents enregistrés dans l'appareil mnémonique,
nous sommes amenés à effectuer un certain rapprochement entre ce processus psycho-physique et les
exemples que nous fournissent le cinématographe
et le phonographe. L'âme consciente serait assimi-
lable à l'écran ou au diaphragme récepteurs, directement affectés par l'excitation.

Mais ce serait s'abuser énormément, d'en conclure à une analogie étroite entre ces deux modes
de conservation de certaines phénomènes ; l'un
d'eux est purement physique, l'autre à la fois physique ou plutôt physiologique, et psychique. Nous
pouvons admettre qu'il existe un certain arrange-
ment matériel, éthéral plutôt, correspondant à certaines actions ou perceptions, par lequel l'organe
qu'on pourrait appeler mentographique, qui rem-
place le cerveau dans le corps éthéral, pourrait être
affecté. Nous pouvons supposer, par exemple, que
chaque élément de cet organe, par sa forme et sa
position, a pour la conscience une signification, et
que les diverses modifications de cette forme et de
cette position font varier cette signification. Ces éléments sont des repères, des signes évocateurs ou
remémorateurs. Pour comprendre leur rôle, nous
n'avons qu'à penser à ces gens oublieux qui font
un nœud à leur mouchoir, lequel leur rappellera tel
acte qu'ils ont à accomplir. Chaque élément mentographique est ainsi un signe symbolique et ses
mouvements sont des signaux qui éveillent d'autant
plus l'attention de l'âme qu'ils sont plus énergiques.

Ils sont donc surtout, sinon, exclusivement évocateurs de la mémoire, c'est-à-dire de la reconnaissance par la conscience de la signification qu'elle
leur accorde[1]. Dans la pensée, dans la réflexion, le
pouvoir évocateur est exercé par l'âme elle-même ;
il est alors facilité, canalisé par les liaisons qui
existent entre certains éléments mnémoniques, d'où
résulte cette engrènement d'idées connu sous le
nom d'association. Certaines de ces formes et posi-
tions des éléments, certaines liaisons, sont variables, avec le temps et les circonstances physiologiques de l'évolution vitale, et il se produit une
modification plus ou moins rapide du cadre psycho-
sensoriel et des idées qui s'y rattachent.

L'organisme éthéral s'interpose donc, chez les
êtres vivants matériels, entre l'âme immatérielle et
le milieu extrêmement différent dans lequel évo-
luent ces êtres. Aucune relation ne serait possible
entre les deux pôles les plus opposés de la nature,
pas plus qu'entre deux pôles quelconques, sans des
degrés intermédiaires participant de l'un et de
l'autre. L'organisme éthéral se conforme donc,
d'une part à l'état de l'âme, d'autre part aux formes matérielles qui peuvent s'adapter à cet état.

L'âme éternelle et de nature parfaite ne person-
nifie la perfection vivante que dans certaines condi-

---

1. L'esprit semble bien ne percevoir les choses matérielles
que par une série de traductions, d'interprétations aboutissant
de degré en degré à la perception purement psychique. Ainsi,
dans le langage écrit on parlé, il y a traduction au deuxième degré,
les signes ou les sons n'ayant aucun caractère d'analogie, de
forme ou de nature avec ce qu'ils expriment. Dans la perception sensorielle, il n'y a plus qu'une traduction au premier degré,
par l'esprit, des signaux purement physiques engendrés dans la
matière cérébrale par l'excitation des forces extérieures. Enfin
la perception purement psychique directe, ne pourrait avoir
comme objet que l'essence même des choses, en ce qu'elle
forme le pôle opposé de l'esprit et diffère de lui. La Divinité
seule peut d'ailleurs satisfaire à la condition, vis-à-vis de l'esprit, d'un objectif absolu.

tions qu'elle ne réalise pas d'une manière permanente. De même que notre vie actuelle nous montre
son activité incomplète et fractionnée, l'intégralité
de sa lucidité consciente subit une éclipse momentanée, à certaines époques périodiques largement
espacées dans le temps. Un arrêt complet des fonctions psychiques supérieures, suivi d'un réveil graduel des facultés, fait repasser l'âme par toutes les
phases principales de la vie universelle et tous les
degrés de l'activité consciente. Nous avons dit déjà
que nous avons donné à cette sorte de sommeil
psychique le nom de somnose, pour le distinguer
des simples états de mnémonie, d'inconscience
totale momentanée. L'inconscience somnosale n'est
d'ailleurs jamais absolue et lors même qu'elle est
totale, il subsiste toujours une faculté qui n'est
autre que l'instinct du vouloir vivre. Le réveil, la
désomnose, en développant ce sentiment d'abord
obscur, ramène l'âme peu à peu, en passant par des
existences diverses, à son état de lucidité psychique
normal.

A l'état somnosal complet, l'organisme éthéral
doit être réduit à sa plus simple expression, en
vertu de la loi qui le proportionne au degré d'activité psychique. Il est probablement enseveli, bai-
gné, dans la matière organisée, peut-être végétale
ou microbienne. Il n'en conserve pas moins les
principaux éléments qui furent les symboles de la
vie passée de l'esprit, et qui sont les jalons de la
route que la désomnose doit lui faire parcourir de
nouveau.

Le corps éthéral, formé par l'énergie psychique
en accord avec les lois physiques les plus stables,
les plus fondamentales, ne pourrait être détruit que
par cette énergie, représentée par la volonté. Mais
lorsque la volonté dispose d'une puissance capable
d'opérer la destruction entière du corps éthéral,

elle est placée dans des conditions d'existence telles
qu'elle n'a aucun motif d'envisager cette destruction.

Au cours des vies successives, et à mesure que
se poursuit la désomnose, des facultés nouvelles
renaissent, des organes appropriés se reforment et
se développent peu à peu. La génération qui enfante
les corps organiques matériels n'a pas d'autre effet
que la formation du mécanisme de ceux-ci, de manière qu'une adaptation aussi parfaite et durable
que possible puisse s'établir entre eux et l'organisme éthéral. Le contact, l'adhérence entre les
deux organismes sera d'autant plus énergique que
leurs similitudes psycho-physiques seront plus
grandes. Il s'ensuit que les phénomènes de dédoublement se rencontreraient de préférence chez les
personnes dont l'éthéral comporte quelque dissem-
blance avec la forme ou les facultés humaines.

On peut rendre clairement intelligible, au moyen d'une sorte de
graphique, la complexité croissante
ou décroissante de l'éthéral, l'enregistrement mnémonique, et les ano-
malies de développement psycho-
physiologique. Considérons la sphère
creuse É, représentant l'éthéral à
l'intérieur duquel agit la pression P,
image de la force psychique agissant
dans la sphère.

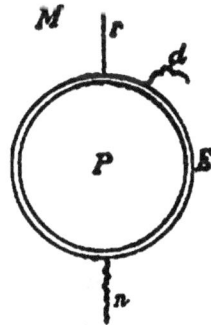

Pendant la désomnose, et pendant la période
d'activité totale, le travail de réorganisation et de
développement de l'éthéral sera représenté par les
lignes ou rayons de force r. Par une action plutôt
intermittente que continue, la force P va pousser,
dans le milieu M, des rayons n dont la direction
normale, dans son ensemble, sera sensiblement
rectiligne et centrifuge.

Les diverses réactions du milieu, combinées avec les fluctuations de la force psychique, font que dans ses détails le rayon *n* est composé d'un grand nombre de lignes élémentaires dont la direction s'écarte plus ou moins de la ligne droite normale. Ces sinuosités correspondent à l'enregistrement mnémonique des actions et réactions normales entre P, E et M. Le rayon *d*, complètement dévié, représente l'enregistrement d'actions anormales, qui ont eu comme résultat un développement vicieux de E.

Lorsque l'éthéral E a atteint son complet développement, il est donc prolongé par une multitude de rayons *n* ; il est alors à son apogée. Au moment de l'ensomnose qui suit celle-ci, la force psychique P fléchit, puis cesse d'agir ou devient négative lorsque la somnose est complète. Les rayons vont alors se rétracter et se résorber en E, gardant toutefois dans leurs replis la trace des actions les plus énergiques avec une tendance à les reproduire sous une nouvelle poussée de la force P. Cette tendance représente la mémoire individuelle de E, qui se combine avec les nouvelles réactions à survenir, dans une autre période, entre E, P et M.

Appliquons les mêmes principes à l'esprit. Sauf pendant les intervalles séparant deux vies matérielles consécutives, où l'éthéral obéit librement à la force psychique, il sera soumis à l'action de celle-ci et à la réaction du milieu s'exerçant par l'intermédiaire du corps matériel. D'une part, les organes de l'éthéral tendront à se développer avec plus ou moins d'énergie suivant la loi du réveil psychique normal ; d'autre part, ces organes vont tendre à se mouler sur les organes matériels correspondants, qui reçoivent l'empreinte des actes engendrés par les excitations physiques du milieu. Rarement l'influence de ce milieu et celle de la

force psychique normale seront en parfaite harmonie. De plus la pression psychique peut être très
faible et incapable de s'opposer aux puissants réflexes de l'organisme matériel. Il doit donc en
résulter inévitablement, chez certains êtres, des déformations de l'organe éthéral qui s'adapte au cerveau, et par voie de conséquence, des déviations
du sens psychique. Dans ces conditions, une mentalité déréglée préside aux actes de ces êtres, qui, psychologiquement, seront des monstres. Les spécimens
d'êtres ainsi tarés, chez lesquels le plaisir peut ac-
compagner les pires turpitudes ou le crime, ne sont
malheureusement pas très rares.

Ces réactions nuisibles peuvent être affaiblies,
limitées, compensées, par les efforts de l'âme en
cours de désomnose, par un changement de milieu
social, ou par des obstacles à ces réactions créés
par ce milieu lui-même. Elles le sont certainement
par la destruction de l'organisme matériel, la force
psychique, quelque faible qu'elle soit, n'étant plus
alors contrebalancée par les forces matérielles opposées. Elle réagit donc pour ramener l'éthéral à
son état normal. La force psychique est évidemment d'autant plus énergique que la somnose est
plus affaiblie, et sa puissance en pleine activité serait vraisemblablement telle qu'elle détruirait un
organisme matériel s'opposant au redressement
d'un éthéral déformé.

A chaque désagrégation par la mort d'un corps
matériel, la force psychique est donc tenue d'opérer ce travail de réorganisation, travail d'autant
plus long que les déformations sont plus considérables. Il s'ensuit que la personnalité vicieuse, qui
avait survécu à la mort matérielle, en se désagré-
geant alors physiologiquement et moralement,
éprouve inévitablement une souffrance. Ce travail
régénérateur, s'accomplit donc d'après des lois qui

réalisent un véritable mécanisme physiologique de la sanction morale de la vie.

Il faut que ce mécanisme n'atteigne que ce qui est la représentation du mal ; or en quoi consiste le mal ? Au point de vue purement moral, il n'existe de véritable mal que l'injustice. Mais il en existe aussi dont la conscience humaine ne saurait porter la responsabilité. Dans un naufrage, une catastrophe, une guerre, un grand nombre de personnes souffrent et meurent sans avoir rien fait de pire que ceux qui sont épargnés ; et il serait absurde de prétendre que ceux qui sont soumis à l'épreuve sont également et particulièrement coupables. Un fou furieux va massacrer les personnes qui l'entourent ; il n'y a évidemment dans ce fait comme dans les précédents, que des contingences physiques.

L'enchevêtrement des lois de la matière avec les lois de l'évolution psychique est ici la cause à incriminer. Le coupable serait donc l'auteur de ces lois ? Nous ne le croyons pas car nous avons confiance en sa souveraine justice, qui ne ménagera pas les compensations aux souffrances injustifiées. Quant à l'idée que de telles souffrances pourraient ne pas exister, elle paraît puérile si on se pénètre de l'inévitable complexité des lois naturelles pour réaliser les diverses modalités de la vie, et si on comprend l'état de trouble qui correspond forcément à certaines périodes.

Certes, il existe du mal, duquel l'être vivant est responsable. Ce mal, imposé pendant la désomnose aux personnalités incomplètes de l'esprit, doit être expié par les mêmes personnalités. Ce n'est pas à l'âme qu'il appartient de payer la dette à laquelle elle fut, en somme, étrangère ; et nous ne pouvons pas admettre le point de vue chrétien, dans lequel l'offensé se sacrifie pour sauver l'offenseur rebelle au sauvetage, ainsi que le fit le Christ au Golgotha. D'autre part, la loi de polarisation et d'égalité des pôles établit dans l'univers une équivalence entre le bien et le mal. Mais cette équivalence est une mesure purement morale, et telle qu'un peu de bien compense beaucoup de mal, et qu'un peu de souffrance rachète beaucoup de défaillance. La compensation, bien loin d'être éternelle, ne porte donc que très peu sur la durée et le temps consacré au bien, par tout être vivant, dépasse infiniment celui qui fut employé au mal.

Pour en revenir au mécanisme physiologique de la sanction morale, qui réalise la juste punition des fautes, il s'exerce parallèlement à l'action psychique qui engendre le remords. Par celui-ci, le vrai coupable est puni dans l'acte immoral lui-même, en lequel l'horreur a remplacé le plaisir ; en même temps que la souffrance physique accompagne la désagrégation des organes déformés de l'éthéral. Quant aux personnalités complètement vicieuses, on conçoit qu'elles subissent ainsi l'angoisse d'une seconde mort, définitive, qui atteint tout ce qu'elles ont eu de vivant.

Ce processus de régulation évolutive ne s'exerce pas qu'après la mort ; avec moins d'énergie, il s'exerce aussi pendant la vie chez les personnes moralement bien équilibrées. Ainsi s'établit une exacte compensation, qui maintient l'esprit dans la voie de son réveil normal. A chaque changement d'organisme matériel, le compte de justice est réglé, à moins que l'être taré ne possède la faculté de se réfugier aussitôt dans quelque autre corps matériel, pour une période limitée. Mais le report ainsi effectué doit toujours arriver à échéance dans un court délai.

Ainsi, dans le système philosophique qui réunit la polarisation générale, la somnose, les lois psy-

chologiques du réveil psychique, on peut trouver
une explication rationnelle de toutes les situations
possibles de l'esprit. L'état de trouble dans lequel
vit et vivra encore longtemps l'humanité ne semble plus une anomalie inexplicable. Pendant la période critique de la désomnose, l'être vivant, à peine
sorti de l'animalité, n'a pas encore repris connaissance des vérités éternelles qui doivent le guider.
L'âme ne se confond pas avec les personnalités
obtuses qui naissent d'elle, au milieu des rêves et
des cauchemars de la somnose ; et l'apparente régression morale n'est qu'un accident momentané,
ne laissant aucune trace durable. Elle est l'exception qui confirme la règle, dans la vie de l'esprit.
Et dans toute expiation ce n'est pas l'âme qui souffre ; c'est elle, au contraire, qui encore somnolente,
va secouer sa torpeur et faire justice du coupable
en détruisant tout ce qui fut lui.

S'il y a vraiment une part quelconque de l'âme
dans la faute, elle est infime ; sa valeur morale n'en
est pas atteinte car alors elle la paie aussi en douleur. Si déchéance il y a, combien elle est minime,
toute momentanée, et infiniment plus acceptable
que celle qui écrase, dans les systèmes religieux ou
simplement spiritualistes, l'âme innocente qui vit
tout entière dans le criminel. Le mal, en réalité,
n'est qu'une forme de la résistance à la vie, de l'impuissance psychique, et on pourrait, à la rigueur,
attribuer une utilité morale à la faible part qui en
incomberait à l'âme. La connaissance de cette imperfection, de sa faillibilité, qui seule à certaines
époques de la vie transcendantale sépare l'âme-es-
prit de l'âme divine, contribuerait à retenir dans la
modestie la première, et la garderait contre les ten-
tations de l'orgueil. Cette connaissance jouerait
ainsi le rôle de régulateur psychique.

L'existence du corps éthéral ne doit pas être re-

gardée comme une pure hypothèse. Les phénomènes d'extériorisation de la sensibilité et de la faculté motrice de la volonté, de dédoublement, de
bilocation, lui fournissent un caractère de certitude
expérimentale qui s'accuse de plus en plus avec les
progrès des sciences psychiques. Dès les premiers
âges de la civilisation relative des peuples, ces phénomènes furent connus et observés. L'idée que
l'esprit ne fait pas qu'un seul bloc avec le corps
date de très longtemps, et le corps éthéral reçut un
grand nombre de dénominations dont les plus récentes : corps astral, fluidique, péresprit, ne us ont
paru moins exactes et expressives que celle de corps
éthéral, que nous avons adoptée.

Pour donner une idée de ces phénomènes de séparation momentanée des deux organismes, et montrer comment s'affirme la réalité de l'éthéral, nous
pourrions citer de nombreuses observations, des faits
précis, relatés par des personnes dont l'autorité et
la sincérité sont indiscutables. Nous nous conten-
terons d'en choisir deux parmi les plus caractéris-
tiques. Le premier a été publié par le colonel de
Rochas dans les *Annales des sciences psychiques ;*
nous en retranchons seulement, dans cette citation,
quelques détails sans importance :

Un de mes amis, de quelques années plus jeune que
moi, d'esprit très cultivé et occupant une haute situation dans le monde, présente d'une façon remarquable
le phénomène de l'extériorisation de la sensibilité qui,
chez lui, se produit même à l'état de veille, à mon simple contact.

M. X., intéressé par mes recherches, a bien voulu s'y
prêter et je l'ai magnétisé une dizaine de fois en appro-
fondissant chaque fois l'état d'hypnose où je m'arrêtais.

A la quatrième séance, il m'a dit qu'il quittait son
corps matériel, qu'il le voyait inerte ; il manifesta alors
une sorte de dégoût pour ce qu'il appelait sa loque.

A la sixième séance, non seulement il se dégagea et vit son corps matériel, mais encore à côté et à un mètre environ, il vit apparaître une sorte de nuée lumineuse où il reconnut sa silhouette. A ce moment, je constatai que le rayonnement de son corps matériel ne présentait plus de sensibilité sauf entre ce corps et le corps astral, où la sensibilité était portée à son maximum et parfaitement localisée. En d'autres termes, le corps matériel était insensible, le corps astral lumineux (pour le sujet seulement) était sensible, et il y avait des rayons moins sensibles et non assez lumineux pour être perçus par le sujet, qui reliaient le corps astral au corps matériel qui me parlait.

Dans la séance du 28 avril 1892, je priai M. X. de faire changer de place son corps astral ; il ne put y parvenir, mais il put étendre son bras astral et mettre sa main astrale dans ma main; il en ressentit l'étreinte et s'étonna que je ne sentisse pas la sienne. Je lui dis alors d'appuyer le bout de l'annulaire de sa main droite astrale sur une grande épingle que je tenais, jusqu'à ce qu'il sentit la piqûre. Il le fit, sentit la piqûre, et je passai à d'autres observations. Dix minutes après, M. X., complètement réveillé et ayant comme d'habitude perdu le souvenir de ce qui s'était passé pendant son sommeil hypnotique, causait de choses tout à fait étrangères avec quelques personnes de ma famille, lorsqu'il retira le gant de sa main droite qu'il avait conservée gantée, et regarda attentivement le bout de son doigt annulaire. Je lui demandai ce qu'il avait; il me répondit qu'il éprouvait comme une piqûre, puis pressant avec l'ongle du pouce, il fit perler quelques gouttelettes de sang précisément à l'endroit où il aurait appuyé le doigt sur l'épingle. Je lui donnai l'explication et il chercha à voir si son gant n'avait pas été percé, mais naturellement il ne put rien voir. On peut supposer que le jaillissement du sang est dû à une auto-suggestion de M. X. qui croyait être piqué, mais même dans cette hypothèse le phénomène est fort extraordinaire, car il y a eu ici non point un stigmate sous-cutané par arrêt de la circulation sanguine, mais une lésion effective de la peau.

Une autre expérience faite deux jours auparavant

montre que la suggestion est insuffisante pour tout expliquer, et que dans certains cas il y a bien réellement des sensations transmises par raisonnement.

Tel est le cas relaté par M. de Rochas. Il en est d'autres encore plus étonnants, où le dédoublement n'est pas provoqué par la suggestion ou la magnétisation, mais se produit spontanément. Nous citons celui-ci, publié par le Dʳ Gibier dans l'ouvrage intitulé : *Analyse des choses*.

M. H. est un grand jeune homme blond, d'une trentaine d'années, dont le père était Ecossais et la mère Russe. Il n'a rien éprouvé d'anormal jusqu'au moment où il a subi ce qu'il appelle l'accident, au sujet duquel il vint me consulter au commencement de 1887.

« Il y a peu de jours, me dit-il, je rentrais chez moi le soir, vers dix heures, lorsque je fus saisi tout à coup d'un sentiment de lassitude étrange que je ne m'expliquais pas. Décidé, néanmoins, à ne pas me coucher de suite, j'allumai ma lampe et la laissai sur la table de nuit, près de mon lit. Je pris un cigare, le présentai à la flamme de mon carcel, et j'en aspirai quelques bouffées, puis je m'étendis sur une chaise longue.

« Au moment où je me laissais aller machinalement à la renverse pour appuyer ma tête sur le coussin du sofa, je sentis que les objets environnants tournaient, j'éprouvai comme un étourdissement, un vide ; puis brusquement je me trouvai transporté au milieu de ma chambre. Surpris de ce déplacement, dont je n'avais pas eu conscience, je regardai autour de moi et mon étonnement s'accrut bien autrement.

« Tout d'abord je me vis étendu sur le sofa, mollement, sans raideur ; seulement ma main gauche se trouvait élevée au-dessus de moi, le coude étant appuyé, et tenait mon cigare allumé dont la lueur se voyait dans la pénombre produite par l'abat-jour de ma lampe. La première idée qui me vint fut que je m'étais sans doute endormi et que ce que j'éprouvais était le résultat d'un rêve. Néanmoins je m'avouais que je n'en avais

jamais eu de semblable et qui me parut si intensive-
ment la réalité. Aussi, me rendant compte qu'il ne pouvait être question d'un rêve, la deuxième pensée qui se
présenta soudain à mon imagination fut que j'étais
mort. Et en même temps je me rappelai que j'avais
entendu dire qu'il y a des esprits, et je pensai que
j'étais devenu esprit moi-même. Tout ce que j'avais pu
apprendre sur ce sujet se déroula minutieusement en
moins de temps qu'il ne faut pour y songer, devant ma
vue intérieure. Je me souviens alors d'avoir été pris
comme d'une sorte d'angoisse et de regret de choses
inachevées ; ma vie m'apparut comme dans une formule.

« Je m'approchai de moi ou plutôt de mon corps ou
de ce que je croyais déjà être mon cadavre. Un spectacle que je ne compris pas tout de suite appela mon
attention : je me vis respirant, mais de plus je vis l'intérieur de ma poitrine et mon cœur y battre lentement,
par faibles à-coups, mais avec régularité. Je voyais
mon sang, rouge de feu, couler dans de gros vais-
seaux. A ce moment, je compris que je devais avoir eu
une syncope d'un genre particulier, à moins que les
gens qui ont une syncope, pensai-je à part moi, ne se
souviennent plus de ce qui leur est arrivé pendant leur
évanouissement. Et alors je craignis de ne plus me souvenir quand je reviendrais à moi.

« Me sentant un peu rassuré, je jetai les yeux autour
de moi en me demandant combien de temps cela allait
durer ; puis je ne m'occupai plus de mon corps, de
l'autre moi qui reposait toujours sur sa couche. Je regardai ma lampe qui continuait à brûler silencieuse-
ment, et je me fis cette réflexion qu'elle était bien près
de mon lit et pourrait communiquer le feu aux rideaux.
Je pris le bouton, la clef de la mèche pour l'éteindre
mais, là encore, nouveau sujet de surprise ! Je sentais
parfaitement le bouton avec sa molette, je percevais
pour ainsi dire chacune de ses molécules, mais j'avais
beau tourner avec les doigts, ceux-ci seuls exécutaient
le mouvement, et c'est en vain que je cherchais à agir
sur le bouton.

« Je m'examinai alors moi-même et vis que, bien que

ma main put passer au travers de moi, je me sentais bien le corps, qui me parut, si ma mémoire ne me fait pas défaut sur ce point, comme revêtu de blanc. Puis je me plaçai devant mon miroir, en face de la cheminée. Au lieu de voir mon image dans la glace, je m'aperçus que ma vue semblait s'éteindre à volonté, et le mur d'abord, puis la partie postérieure des tableaux et des meubles qui étaient chez mon voisin, et ensuite l'intérieur de son appartement, m'apparurent. Je me rendis compte de l'absence de lumière dans ces pièces où ma vue s'exerçait pourtant, et je perçus très nettement comme un rayon de clarté qui partait de mon épigastre et éclairait les objets.

« L'idée me vint de pénétrer chez mon voisin que d'ailleurs je ne connaissais pas et qui se trouvait absent de Paris à ce moment. A peine avais-je eu le désir de visiter la première pièce que je m'y trouvais transporté. Comment ? Je n'en sais rien, mais il me semble que j'ai dû traverser la muraille aussi facilement que ma vue la pénétrait. Bref, j'étais chez mon voisin pour la première fois de ma vie. J'inspectai les chambres, me gravai leur aspect dans la mémoire et me dirigeai ensuite vers une bibliothèque où je remarquai tout particulièrement plusieurs titres d'ouvrages placés sur un rayon à hauteur de mes yeux.

« Pour changer de place je n'avais qu'à vouloir ; et sans effort, je me trouvais là où je devais aller. Je m'éveillai à cinq heures du matin, roide, froid, sur mon sofa et tenant encore mon cigare entre les doigts. Je me mis au lit sans pouvoir dormir et fus agité par un frisson. Enfin le sommeil vint et quand je m'éveillai, il faisait grand jour.

« Au moyen d'un innocent stratagème, le jour même, j'induisis mon concierge à aller voir dans l'appartement de mon voisin s'il n'y avait rien de dérangé et, montant avec lui, je pus retrouver les meubles, les tableaux vus par moi la nuit précédente, ainsi que les titres des livres que j'avais attentivement remarqués. »

Ce cas de dédoublement spontané et de bilocation est tellement extraordinaire qu'on pourrait douter de son exactitude, si on ne connaissait d'autres cas semblables, et un grand nombre d'autres analogues, qui ne laissent aucun doute sur leur réalité.

Quant à les expliquer sans faire intervenir l'existence du corps éthéral, cela ne paraît pas possible. On ne peut invoquer ni la suggestion, ni l'auto-suggestion. Les circonstances qui accompagnent la vision et le déplacement du corps s'y opposent, de même qu'elles sortent entièrement des lois physiques auxquelles nous sommes accoutumés à obéir. Le corps éthéral paraît ne dépendre presque complètement que des forces psychiques. Son pouvoir moteur sur la matière semble nul, et néanmoins il traverse celle-ci sans dommage aucun, bien qu'il soit sensible à des traumatismes qui se répercutent sur le corps matériel, ainsi que nous le montre le premier cas. Ces traumatismes, il est vrai, paraissent surtout d'origine psychique, la suggestion ou l'auto-suggestion les déterminant dans le corps éthéral, et celui-ci les imposant au corps matériel. On s'explique alors qu'il n'y ait pas contradiction entre ce fait et la faculté de passer à travers la matière.

Ces phénomènes si intéressants et si importants de dédoublement, d'extériorisation du corps éthéral sont malheureusement trop rares. Peut-être trouvera-t-on quelque jour le moyen de les généraliser, et de donner ainsi une base scientifique et expérimentale aux doctrines spiritualistes. Parmi les quelques chercheurs qui s'adonnent à des études sérieuses psycho-physiologiques, il en est peu qui procèdent avec méthode. Il nous faut attendre l'apparition d'un électricien de génie qui, délaissant l'étude ordinaire de l'électricité, à manifestations énergétiques intenses, mais psychiquement inac-

tive, s'attachera à relier les uns aux autres les phénomènes électriques et les phénomènes psycho-
physiologiques. Étudier les propriétés conductives
ou résistives des corps pour les forces psycho-physiques ; la nature rayonnante, émissive ou polari-
satoire de ces forces ; rechercher les formes de la
force électrique qui, tout en mettant en jeu de très
faibles quantités d'énergie, seraient susceptibles
d'avoir une répercussion sur les états physiologiques, telle est une partie du programme à réaliser.
Il faut pour cela s'inspirer des exemples de recherches méthodiques que nous offre l'histoire des
sciences. Par des travaux judicieusement conduits,
on pourrait sans doute parvenir à agir momentanément sur un corps éthéral quelconque et par des
procédés purement physiques. La besogne ne manque pas aux travailleurs des sciences psychiques ;
malheureusement si la puissance du nerf de la
guerre ne s'est jamais si bien exercée, on ne pense
guère à en faire le nerf de la science ; et plus d'une
belle intelligence s'éteindra, inutile, faute de moyens
d'action, avant que l'aurore que nous voyons poindre devienne la clarté du jour.

VII

Les états de l'esprit.
Dieu, liberté, et déterminisme.
Le cycle somnosal.
Sensations et neurasthénie.

Poursuivant cette étude, il faut envisager, maintenant, les divers états de l'esprit, dans la vie humaine et au cours de ses existences successives, en
partant de ce principe : que l'existence d'un être
suprême est rationnellement nécessaire.

Nous venons de voir que quelle que soit la prépondérance que l'on accorde à l'esprit sur la matière, l'existence réelle du monde matériel ne peut
pas être mise en doute, quand ce ne serait qu'à titre d'œuvre de la puissance psychique, dans laquelle Dieu et l'âme auraient chacun leur part. De
ce que Dieu participe à cette œuvre, nous devons
penser qu'elle ne peut être que bonne, et de la
participation de l'esprit, dont l'état psychique est
variable, il résulte que l'irrationnel ne peut en être
complètement absent. De même que l'irréel existe
bien sous forme de rêve, de pensée erronée, d'idée
fausse, l'irrationnel apparaît dans toute intellec-
tualité bornée, et par suite, dans les actes qu'elle
détermine. La loi indéfectible de polarisation n'admet aucune qualité, aucune faculté, sans son pôle
opposé. Il n'en faudrait pas conclure, toutefois, que

d'après cette loi l'univers doive se partager entre
le rationnel et son contraire ; car l'irrationnel participe en grande partie de l'irréel. Or l'ensemble
créé par la polarité : intelligence, sensibilité, doit
être éminemment rationnel et les oppositions logiques de polarisation sont la marque précise d'une
volonté qui possède toute raison et toute science.
En somme, dans l'ensemble, tout ce qui est est
rationnel, et tout ce qui est rationnel existe quelque part ou existera à quelque moment. La vérité
et la réalité se ramifient donc à l'infini pour embrasser toutes les possibilités, et s'adapter à toutes
les circonstances de temps, de lieu et de conscience.

De cette constatation directe, indiscutable, que
l'irrationnel et l'imparfait existent, soit en nous
soit hors de nous, la loi de polarisation permet
d'établir qu'il y a infailliblement une perfection et
une raison, dont le pôle échappe à notre connaissance matérielle et directe. Le pôle du parfait, évidemment aussi réel que celui de l'imparfait, ne peut
avoir son siège que dans une âme intégralement
lucide, puissante et vivante, que nous appelons
Dieu. La personnalité divine ne peut d'ailleurs pas
être perçue directement par nos sens actuels ; ses
formes physiques ne sauraient être révélables que
par des organes éthéro-psychiques très affinés ; et
les vues purement spirituelles par lesquelles la
science cherche à disséquer, à imaginer la matière
et l'énergie, ne sont pas autre chose qu'un effort
pour suppléer à la possession de ces sens, et percevoir la Polarité absolue.

Entre les pôles d'une polarité peuvent s'interca-
ler un grand nombre de termes intermédiaires qui
en participent. Il y a donc une hiérarchie des êtres
depuis l'imparfait jusqu'au parfait, et dans cette
hiérarchie continue, représentée par tous les êtres

vivants, existent des degrés correspondant à des groupes, d'un niveau psychique sensiblement égal. L'évolution étant la base de la vie consciente, l'esprit ne peut rester indéfiniment fixé dans un de ces groupes, et aucun être, excepté Dieu, ne peut s'immobiliser ni au sommet, ni à aucun degré de la vie perpétuelle.

Le cours de celle-ci est évidemment réglé par des lois qui en ordonnent les diverses phases. L'esprit n'est donc pas entièrement libre ; certains philosophes affirment qu'il ne l'est pas du tout. C'est une exagération ; l'idée de liberté ou de déterminisme absolus est encore une des formes de cette erreur fondamentale qui consiste à vouloir tout ramener à l'unité, alors que l'unité absolue est inintelligible. En réalité, s'il n'y avait pas de liberté il n'y aurait pas de déterminisme et la liberté ne vaut qu'en opposition au déterminisme, selon la loi de polarisation générale. Evidemment tout acte conscient est déterminé par une raison, un motif, et c'est là la part de la détermination. Mais cette raison, ce motif, sont choisis entre plusieurs équivalents, et ceci dépend de la liberté. Dans ces cas d'équilibre où intervient comme juge la conscience, elle est toujours *libre de se décider à l'acte qui ferait mentir une détermination absolue.*

Loin d'être incompatibles, ces deux régulateurs de l'action se complètent et se limitent l'un par l'autre, dans les bornes de leurs relations mutuelles. Si un déterminisme final semble, par une vue incomplète, régenter la vie en dernière analyse, c'est une preuve que cette vue est erronée. Les lois de la vie et de la conscience ne sont pas autre chose que des obligations que s'impose l'âme, librement, volontairement ; lois de beauté, de perfection et d'harmonie en général, elles pourraient être différentes si l'âme le voulait bien et nous en voyons en nous la triste preuve. Le déterminisme est donc, en fait, l'œuvre de la liberté ; et la liberté ne serait que chaos et anarchie sans le déterminisme. Tous deux, d'ailleurs, ne sont pas, à proprement parler, des lois morales, et dans certains cas leurs décisions ne se conforment pas à celles-ci. C'est que la morale dépend surtout de la raison et de l'intelligence. Les actes où l'esprit obéit surtout au sentiment, à la sensation, sont empreints à un haut degré de l'impuissance somnosale, et sont plutôt des reflexes à moitié inconscients.

Revenons au point le plus bas de l'activité consciente de l'esprit. Pendant la somnose complète, son organisme éthéral constitue le noyau, le germe indestructible de la vie psychique, dans lequel l'âme se repose, chrysalide prête à de nouvelles métamorphoses. Sans cet organisme l'âme purement immatérielle ne pourrait conserver son individualité. Rien, ni dans le temps ni dans l'espace, ni peut-être dans la conscience, ne pouvant la distinguer des autres âmes, toutes parfaites, elles s'anéantiraient, se fondraient ensemble en la Divinité. Mais Dieu lui-même, immatériel et sans forme, ne pourrait exister. Il ne serait qu'une ombre de Dieu, sans apparence physique, illimité, indéfini, fantôme incompréhensible et inimaginable. Or il doit être pour notre entendement humain aussi inintelligible qu'il est possible de l'être à un être réel et parfait, et l'idée que la raison nous en donne, si elle est incomplète, n'en est pas moins vraie dans la mesure où nous la possédons. Ou bien alors il faudrait nier Dieu, car il nous aurait imposé lui-même cette négation, en se plaçant tout entier hors de notre entendement.

Donc, pour nous, l'éther élément fondamental de la vie physique, contient de toute éternité la forme divine comme les formes spirituelles. Si cel-

les-ci, dans leurs modifications, empruntent ou
libèrent quelque portion de cette substance physique, c'est à l'organisme universel que revient ce
qui en était momentanément isolé. L'éther, élément de la matière pondérable, le deviendrait-il
par la volonté de Dieu et le travail de l'esprit ?
C'est possible, et nous pourrions imaginer celui-ci,
parvenu au faîte de sa destinée, comme un orga-
nisateur et un machiniste incomparable, s'ingéniant
à dérouler devant l'Etre suprême les resplendis-
sants tableaux de la vie universelle.

L'esprit, pendant la durée de chaque cycle de
sa vie perpétuelle, entre en rapport, non pas avec
toutes les modalités si variées de l'existence, qui
sont innombrables, mais avec chacun de ses degrés,
qui renferment des individualités sensiblement
analogues. Ainsi un être en voie d'évolution, re-
commençant par le stade d'animalité inférieure,
pourra n'en vivre qu'une seule vie, quelques-unes
au plus, selon le degré de somnose et l'énergie de
l'âme. Celle-ci, quelles que soient les circonstances
défavorables qui puissent la ralentir, ne s'attarde
pas dans les états inférieurs de la conscience, dont
les trois échelons, parcourus pendant la désomnose, sont probablement l'animalité inférieure, l'animalité supérieure, l'humanité. Si chacun de ceux-ci
comprend deux ou trois existences, on voit que
l'état surhumain, où reparaît la certitude absolue
de l'immortalité, est assez vite atteint. Et les nombreux siècles qu'il doit durer peuvent faire oublier
largement les épreuves passées.

De son côté, l'évolution sidérale, qu'elle porte
seulement sur une variation de la densité de la matière pondérable, ou sur sa dissociation en éther et
sa reconstitution, a comme résultat de mettre à la
portée des êtres vivants les milieux les plus divers.
En même temps elle donne naissance à toutes les

modalités secondaires, qui sont innombrables. Chaque être, chaque âme, devant avoir une part égale à la vie, nous pouvons en déduire que chacun des astres composant l'univers doit passer par tous les états possibles de la matière, ou bien que sa population psychique change d'habitat et permute avec celle d'un astre différent. D'ailleurs, à partir d'un certain niveau, les êtres vivants ne sont plus parqués sur un monde et ils peuvent prendre contact avec d'autres sociétés d'êtres vivants plus ou moins éloignées. Mais ces déplacements ne sont que temporaires, chaque être étant retenu dans son groupe par des liens de sympathie et d'affection qu'il n'aurait aucun motif de briser.

Pour les mêmes raisons, l'évolution psychique ne concorde pas nécessairement avec l'évolution sidérale, sauf en ce qui concerne les formes matérielles de la vie, qui n'ont en réalité qu'une importance secondaire. Ainsi lorsque la terre se transforma de nébuleuse en globe incandescent, puis obscur, et enfin lorsque se produisirent à sa surface toutes les fantastiques créations des premiers âges, devons-nous croire que de tels spectacles n'avaient aucun spectateur ? Aucune philosophie spiritualiste ne peut l'admettre. Si dans les animaux qui apparurent alors vécurent des âmes s'éveillant à peine de la somnose, n'y avait-il pas, errant sous les voûtes des forêts primitives ou à la surface des océans tièdes et immenses, d'autres êtres intangibles aux causes de destruction, assistant au merveilleux développement de la vie matérielle. Et ce qui fut alors ne serait-il pas encore aujourd'hui ?

Ces populations sidérales à l'état organique spiritualisé peuvent communiquer librement entre elles. Qui sait quelles féeriques visions présentent ces exodes, ces rencontres en plein ciel de milliards d'êtres incomparablement beaux, et dans quelles fêtes, dans quelles joyeuses ivresses s'exprime l'ardente sympathie qui les réunit un instant ?

Comment pourrions-nous imaginer les impressions, les sentiments de tels êtres ? Ils connaissent les nôtres pour les avoir vécus, nous ignorons encore ceux qu'ils ont retrouvés. D'ailleurs la variété des sensations, la multiplicité des perceptions psychiques dépend beaucoup plus de l'esprit que de l'objet perçu ; celui-ci peut éveiller dans l'âme plusieurs sentiments différents. Suivant la part prise par l'intelligence et la sensibilité à la perception, suivant ce que la mémoire ou l'imagination y ajoutent, l'impression varie.

L'action, qui surtout fait la vie (la pensée peut être une action, même énergique) paraît déterminée chez l'homme plutôt par le sentiment que par l'intelligence. Notre penchant pour le sentiment s'explique par toute la richesse d'émotion qu'il puise dans les obscures profondeurs de la mémoire somnosale. Alors que la matière offre à l'intelligence sa vision claire, ses contours tangibles et précis, dont l'emprise est aisée ou ardue, mais sûre, l'âme demeure mystérieuse, ondoyante, insaisissable. Quand dans le tourbillon violent de l'émotion, elle croit s'envelopper et se saisir elle-même, tout glisse et s'échappe. L'intelligence doit trouver inévitablement des bornes à sa puissance et dans son objectif. La sensibilité ne sait pas ou ne peut pas en trouver, et dans sa recherche inlassable, elle reste le promoteur infatigable de l'action et de la vie.

C'est surtout ce qu'ajoutent l'imagination et l'intuition à la perception qui éveille le sentiment et le rend si inégal pour un même objet, et souvent dans le même sujet. Devant les vestiges d'antiques monuments, à la vue d'arbres séculaires couverts d'un feuillage né d'un jeune printemps, tel homme ne verra que des pierres écroulées et d'insignifiants

végétaux. Un autre, songeant aux générations dis-
parues qui vécurent sur ce sol, qui contemplèrent
le même horizon et les mêmes choses, sentira s'é-
veiller en lui tout un monde de sentiments. Et,
par-dessus tout, surgira la vision fortifiante de la
durée sans fin, non des formes de la matière mais
de sa vie et de ses émotions, avec la douce mélan-
colie que seule peut trouver, dans ce qui décline et
passe, l'âme éternelle.

La nature complexe du sentiment apparaît surtout dans les émotions intenses, telles qu'en éveillent la poésie des choses ou du langage, et plus
encore peut-être l'harmonie musicale, quand le génie
du compositeur a pu s'élever jusqu'au sublime. Il
semble alors que vibrent en nous certaines cordes
habituellement silencieuses de la mémoire, qui
appartiendraient à une sphère d'existence surhu-
maine. L'émotion extatique, quelle que soit son
origine, semble d'ailleurs résulter d'une collabora-
tion intime des sens et de l'âme par la mémoire
synthétique, dans la perception de beautés retrouvées ou reconnues. Elle est aussi comme une sorte
d'adoration instinctive de la cause mystérieuse qui
se cache au fond de toute harmonie.

Mais ces accords des sons auxquels notre organisme matériel est parfois si sensible peuvent-ils
être connus en dehors de ce milieu matériel ?
L'éther, véhicule si parfait de la lumière, paraît
inerte pour les vibrations acoustiques. Devrait-il
donc en résulter une impossibilité pour le corps
éthéral de percevoir celles-ci ? Nous savons, il
est vrai, que les vibrations acoustiques peuvent
être transmises à d'énormes distances par des
ondulations électriques qui se propagent dans
l'éther. D'un autre côté, le son pourrait se transformer dans l'éther comme l'énergie, pour réapparaître
dans des conditions convenables. Mais nous igno-

rons si le corps éthéral est pourvu des moyens
de le recueillir sous une forme différente, produisant une excitation psychique identique à celle
que nous éprouvons. De toute façon, comme la
privation des harmonies musicales constituerait
une infirmité, l'esprit libre et désomnosé, beaucoup plus parfait qu'il est en nous, ne saurait en
être affligé.

Dans notre existence humaine, l'esprit, à son
insu, est rattaché à tout ce que la nature contient
de psychique par des liens mystérieux qui partout,
en tout, lui font sentir la vie. Quelle est donc cette
intuition puissante qui est à la base même de nos
sensations, comme le fondement sur lequel elles
reposent? Serait-ce une réaction sur l'âme de l'om-
niprésence de Dieu ; un accord de toutes ces vibrations qui agitent l'infiniment petit dans toute la
nature? Nous n'en savons rien, mais quoi qu'il en
soit, ce sens de la vie existe, et il faut l'avoir vu
disparaître en soi pour en connaître toute l'importance et la réalité.

C'est dans la neurasthénie que cette constatation
si pénible de la perte du sentiment sympathique, se
produit dans toute son évidence. Dans cet état pa-
thologique de l'âme et du corps, du corps plus que
de l'âme, sans doute, les radiations télépathiques
inconnues émises par tout ce qui rayonne vers nous
n'existent plus, ne nous parviennent plus. L'être
humain conserve toute sa lucidité, toute sa sensibilité et ses facultés intellectuelles, mais c'est uniquement pour se sentir isolé au centre d'une agitation
sans but, d'une matière sans âme, qui n'est plus
qu'une caricature de la vie.

Rivé au corps, l'esprit contemple alors avec horreur un monde vide de tout sentiment affectif, réduit à la seule perception au mécanisme pur, tel
que le rêvent certains matérialistes. Ce corps lui

apparaît bien ainsi qu'une sorte d'automate, comme tout ce qui se meut, et la sensibilité affective, refoulée sur elle-même, accrue, exaltée, se concentre tout entière dans l'angoisse et la souffrance. Les iniquités, les absurdités, les cruautés si nombreuses sur ce monde imparfait ne sont plus voilées par cet optimisme puissant qui s'interposait entre elles et l'âme. Et par surcroît, à ce désert où nulle bonté, nulle affection ne fleurissent, l'imagination oppose un milieu de rêve, où une sensibilité si vive et si délicate ne se heurterait plus à des forces rebelles, qu'elle ne peut vaincre, à des obstacles sans nombre qui se dressent devant elle à chacun de ses élans vers l'idéal.

Mais l'intelligence du neurasthénique ne se laisse pas fléchir ; ce tableau de félicité, si différent de celui qu'il perçoit, lui paraît bien un pur rêve. Ne sentant plus en tout, instinctivement, quelque chose de supérieur aux contingences terrestres, il perd toute conviction que ce monde funèbre n'est pas le seul réel. Et si l'intelligence n'a pas assuré en son esprit, par une longue habitude, l'idée ferme d'une organisation divinement équitable de la vie véritable, il succombe infailliblement à un épouvantable vertige d'isolement et de désespoir.

Nous devons pourtant aux angoisses de cette terrible maladie, aujourd'hui si commune, ce bienfait de savoir que le bonheur de vivre repose en réalité sur le sentiment tout intime, et par là même souvent ignoré, d'une fraternité de tout ce qui vit, dans l'harmonie divine. Qui conserve le sentiment de cette harmonie ne se sent jamais isolé. La neurasthénie, ce supplice de l'âme, fait de ceux qui en souffrent sans y succomber de véritables martyrs, parmi lesquels il en est qui font preuve d'une vaillance cachée que n'égale pas celle des plus brillants héros.

VIII

Facultés de l'esprit, supranormales chez l'homme. — Prémonitions. — La régression de la mémoire avant la vie actuelle.

Ces liens psychiques dont la neurasthénie nous a révélé l'un des aspects, l'hypnose nous les montre, dans un autre ordre de phénomènes, s'étendant beaucoup plus loin que leur limite apparente. Les facultés que l'esprit met en jeu dans la conscience humaine ne sont pas entièrement confinées dans le cercle des perceptions et des sensations ordinaires. Nous avons déjà vu que dans certaines circonstances, le corps éthéral, avec tout ce qui constitue la sensibilité, semble se séparer du corps matériel. Notre mémoire consciente habituelle emprunte aussi parfois à la mémoire somnosale [1], des vues plus étendues sur des conditions de la vie qui se dérobent à nos facultés ordinaires. On pourrait comparer l'esprit, en nous, à un musicien, virtuose consommé, n'ayant à sa disposition qu'un instrument pourvu seulement de quelques notes, auxquelles s'en ajoutent parfois quelques autres.

Ces fluctuations de la lucidité psychique paraîtraient même ne pas être spéciales à l'homme, si

---

1. Portion de la mémoire intégrale rendue latente par la somnose.

l'on doit s'en rapporter aux faits étranges récemment constatés à Elberfeld, sur des chevaux. Mais il faut attendre qu'ils aient été définitivement reconnus comme authentiques en tous points, pour y voir un réveil momentané de la mémoire somnosale, facilité par une éducation appropriée.

Nous allons maintenant passer à l'examen de certains faits d'observation, qui offrent, au point de vue que nous abordons, un puissant intérêt. On désigne communément sous le nom de phénomènes psychiques ces faits troublants, dont la nature réelle et l'origine exacte nous échappent encore. Ils imposent à la science les problèmes les plus compliqués, les plus difficiles à résoudre, les plus passionnants et parfois aussi les plus décevants. On n'en peut plus nier la réalité. Ceux qui, jusqu'ici, leur avaient opposé le dédain le plus absolu commencent à s'apercevoir de leur importance et à constater que le cadre étroit dans lequel ils voulaient resserrer les forces naturelles ne saurait les contenir. Et le ridicule, qui naguère s'abattait seulement sur les naïfs, les *gobeurs* du surnaturel, atteint aussi l'intransigeance superbe des négateurs irréductibles. Ceux qui veulent à toute force trouver dans toute manifestation des forces psychiques le *truc* ou l'illusion qui n'existent pas, font un digne pendant à ceux qui ne voient pas ou veulent ignorer le truc ou l'illusion qui existe parfois. Pour l'excuse des uns et des autres, il faut dire que dans cet ordre de recherches, l'expérimentation est souvent extrêmement délicate, les faits observés dépendant d'états physiologiques ou psychologiques, très instables chez les sensitifs.

Parmi ces manifestations, dont le caractère d'étrangeté bouleverse les notions habituelles que nous avons acquises sur la vie normale de l'homme, il n'en est pas de plus étonnants, de plus déroutants que

ces cas de lucidité spéciale qui dévoilent tout un
ensemble de circonstances précises, d'évènements,
que rien ne permet de prévoir et que l'avenir réalise ponctuellement. Le nombre de ces cas est relativement élevé et ils ne sont guère explicables que
par une hypothèse spiritualiste. Comme exemple,
nous rapporterons l'un des plus simples, mais caractéristique, puisé dans les *Annales des Sciences
psychiques*, où il est cité par M. E. Bozzano :

Le relateur du cas est le Dr Alfred Cooper ; la relation est étayée par la signature de la percipiente, qui
est la duchesse de Hamilton, et par les témoignages
du duc de Manchester et d'un autre gentilhomme auquel la duchesse avait communiqué le cas avant l'ac-
complissement des faits :

Quinze jours avant la mort du comte de L... survenue en 1882, j'avais été, pour des raisons profession-
nelles, voir le duc de Hamilton. La consultation achevée, nous revînmes au salon, où se tenait la duchesse.
Le duc me demanda : « Comment se porte le comte ? »
— La duchesse intervenant : « Quel comte ? » — Je
répondis : « Lord L... » — Alors elle observa : « C'est
étrange ! J'ai eu hier soir une vision impressionnante.
Je me trouvais au lit depuis peu, et je n'étais pas encore endormie, lorsque je vis se dérouler devant moi
une scène en tous points analogue à une situation dra-
matique sur une scène. Les acteurs étaient : lord L...,
renversé sur un fauteuil comme inanimé ; et un homme
à barbe rousse penché sur lui. Lord L... se trouvait
auprès d'une baignoire et en haut brûlait une lampe
rouge que je vis distinctement. » Je répondis : « Lord
L... se trouve actuellement soumis à mes soins pour
une légère indisposition, mais il n'y a aucun danger de
mort. En quelques jours il se rétablira. »

En effet, son état s'améliora de plus en plus, de façon à atteindre au rétablissement presque complet ;
mais une semaine s'étant passée, je fus rappelé d'ur-
gence. Je constatai qu'une inflammation avait envahi

les deux poumons. J'appelai en consultation le Dr William Jenner, mais tous les soins furent inutiles et le malade mourait après six autres jours.

J'avais appelé pour l'assister deux infirmiers, mais l'un d'eux manquait à la fin, étant souffrant. Quand, au moment de la mort, mon regard tomba sur l'autre, ma pensée se reporta au rêve de la duchesse que je voyais représenté devant moi. L'infirmier était penché sur le comte qui gisait inanimé près de la baignoire ; et c'est étrange à dire, mais sa barbe était rousse et une lampe rouge brûlait au-dessus de la baignoire. Il est rare de trouver une salle de bains éclairée par une lampe rouge, et c'est cette circonstance qui me rappela à l'esprit la vision de la duchesse, vision qui se produisit quinze jours avant la mort de lord L... Cas extraordinaire, en vérité.

Cette relation fut lue et approuvée par le duc de Manchester, père de la duchesse de Hamilton, auquel cette dernière avait raconté sa vision le jour suivant. La duchesse ne connaissait que de vue lord L... et ignorait qu'il fut malade. Elle est certaine d'avoir été éveillée au moment de sa vision, car pour la faire s'évanouir, elle ouvrit les yeux et les referma, sans d'ailleurs atteindre son but.

Nous avons dit que les cas analogues sont nombreux. Il en est de beaucoup plus étranges encore, qui s'accomplirent à la lettre, dans des conditions absolument imprévisibles par nos facultés ordinaires. Si la très grande majorité des visions sont imaginaires, cela n'empêche pas qu'il en existe d'objectives quant au résultat. Sans doute les facultés de l'esprit peuvent revêtir une forme identique, que leur objet soit une réalité ou un simple rêve, et on peut hésiter quand l'objet est difficilement accessible à une détermination exacte. Mais il serait anti-scientifique au premier chef de nier la réalité indiscutable de certaines prévisions de l'avenir, parce que, beaucoup plus souvent, des prévisions entière-

ment imaginaires ne se sont pas réalisées. Tout ce
qui met en jeu les facultés ou la mémoire somnosales étant exceptionnel dans notre existence actuelle, nous ne devons pas prendre trop en consi-
dération le plus ou moins de généralité des faits,
mais plutôt leur réalité et leur précision.

Pourquoi ces lueurs, si étonnamment précises
dans ces cas de prémonitions, ne nous éclairent-elles
pas sur le passé éloigné. Si nous avons vécu auparavant, pourquoi ne nous reste-t-il aucun souvenir
de ces états antérieurs glorieux ou obscurs, souvenirs sans lesquels il nous est impossible de souder
cette existence d'aujourd'hui à celles d'hier, et du
même coup, à celles de demain ? Mais de même
que les prévisions d'avenir ne concernent que la vie
présente, les souvenirs d'états antérieurs que l'hypnose fait revivre dans les sujets sensitifs ne s'accordent exactement avec les faits que dans la limite du passé de cette vie.

Des tentatives ont été faites, pour remonter jusqu'à des souvenirs de vies précédentes, par le colonel de Rochas, dont les intéressants travaux sont
bien connus de tous les psychistes. Dans son récent
ouvrage : *Les vies successives*, on trouve exposé
le résultat de toute une série d'expériences. Celle
que nous allons relater les résume toutes dans leurs
caractères généraux.

Le sujet était une jeune fille de dix-huit ans, nom-
mée Joséphine, domestique chez un marchand tailleur
de Voiron qui s'occupait parfois, avec sa femme, de
spiritisme. Elle est, écrit le colonel de Rochas, d'une
intelligence très ordinaire et familièrement traitée par
ses maîtres, qui l'accusent seulement d'être un peu ru-
sée. Elle est très sensible au magnétisme. Je l'ai endormie par des passes longitudinales pour savoir les phénomènes qu'elle présentait et je fus étonné de voir que,
sans aucune suggestion, je lui faisais remonter le cours

de sa vie. « La voici à l'âge de sept ans ; je lui demande
ce qu'elle fait ? — Je vais à l'école. — Savez-vous
écrire ? — Oui, je commence. » Je lui mets une plume
en main ; elle écrit très bien papa et maman. Je continue les passes magnétiques et la ramène à cinq ans.
« Montrez-nous comme vous écrivez bien ? » Elle écrit
par syllabes pa-pa. Je lui mets en main un mouchoir
en lui disant que c'est une poupée ; elle paraît très contente et se met à la choyer. Elle a toutes les apparences d'une fillette de cet âge. Nouvelles passes : elle est
probablement au berceau et ne peut plus parler. Je lui
mets l'extrémité du doigt dans la bouche ; elle le tète.

Après quelques séances destinées à l'assouplir et à
diminuer le temps nécessaire pour l'amener à l'état de
première enfance, j'eus l'idée de continuer les passes
longitudinales. Interrogée, Joséphine répondit par signes à mes questions ; et c'est ainsi qu'elle m'apprit peu
à peu en différentes séances, qu'elle n'était pas encore
née, que le corps dans lequel elle devait s'incarner était
dans le ventre de sa mère autour de qui elle s'enrou-
lait, mais dont les sensations avaient peu d'influence
sur elle.

Un nouvel approfondissement de sommeil hypnotique détermina la manifestation d'un personnage dont
j'eus d'abord quelque peine à déterminer la nature. Il
ne voulait dire ni qui il était, ni où il était. Il me ré-
pondait d'un ton bourru et avec une voix d'homme,
qu'il était là puisqu'il me parlait ; du reste, il ne voyait
rien « il était dans le noir ».

Le sommeil étant devenu encore plus profond, ce fut
un vieillard couché dans son lit et malade depuis
longtemps qui répondit à mes questions, après beaucoup de tergiversations, en paysan madré qui craint
de se compromettre et veut savoir pourquoi on l'inter-
roge. Je finis par savoir qu'il s'appelait Jean-Claude
Bourdon et que le hameau où il se trouvait était Champvent, dans la commune de Polliat, mais il ne savait
pas dans quel département.

Peu à peu, je parvins à capter sa confiance et voici
ce que j'appris sur sa vie, dont je lui ai fait, maintes
fois, revivre les diverses périodes.

Il est né à Champvent [1] en 1812. Il est allé à l'école jusqu'à dix-huit ans parce qu'il n'apprenait pas grand'chose, ne pouvant aller à l'école que l'hiver et faisant souvent l'école buissonnière. Il a fait son service militaire au 7° d'artillerie, à Besançon. Il devait rester au régiment sept ans, mais la mort de son père l'a fait libérer au bout de quatre ans. Il ne se souvient du nom d'aucun de ses officiers ; en revanche, il sait qu'on s'amusait bien avec les camarades et les filles ; il me raconte ses équipées en se frisant la moustache.

De retour au pays, il retrouve sa bonne amie Jeannette qu'il devait épouser et dont il ne m'avait parlé qu'en rougissant, avant son départ. Maintenant il sait qu'il n'y a pas besoin d'épouser les femmes pour s'en servir ; il ne veut plus de mariage et garde Jeannette comme maîtresse. Je lui fais observer qu'il peut rendre cette pauvre fille enceinte : « Eh bien, après ! elle ne sera pas la première ni la dernière. » Il vieillit isolé en faisant lui-même sa cuisine bornée à de la soupe et de la charcuterie. Il a un frère marié dans le pays et qui a des enfants ; il se plaint de leurs procédés à son égard et ne les voit pas. Il meurt âgé de soixante-dix ans, après une longue maladie. Pendant la période correspondante à cette maladie, je lui demande s'il ne songe pas à faire venir le curé : « Ah bien ! tu te fiches de moi. Tu crois, toi, à toutes les bêtises qu'il raconte ? va ! quand on meurt, c'est pour toujours. »

Il meurt. Il se sent sortir de son corps, mais il y reste attaché pendant un temps assez long. Il a pu suivre son enterrement en flottant au-dessus de la bière. Il a compris vaguement que les gens disaient : « Quel bon débarras ! » A l'église, le curé a tourné autour du cercueil et a produit ainsi une espèce de mur un peu

---

1. Il me fit remarquer qu'il y avait deux hameaux de Champvent, voisins de Mézériat, mais que le sien était le plus rapproché et qu'il allait souvent pour ses affaires à Saint-Julien-sur-Reyssouse. Ces détails me permirent de retrouver Champvent dans le département de l'Ain et sur la carte d'état-major. Quant à Joséphine, elle est née et a passé sa jeunesse à Mauziat, canton de Bugey-le-Châtel. A l'état de veille elle ne se souvient pas d'avoir jamais entendu parler de Champvent, près de Polliat.

lumineux qui le mettait à l'abri des mauvais esprits
voulant se précipiter sur lui. Les prières du curé l'ont
aussi un peu calmé, mais tout cela a peu duré. L'eau
bénite éloigne les mauvais esprits parce qu'elle les dis-
sous partout où elle les atteint. Au cimetière, il est
resté près de son corps et l'a senti se décomposer, ce
dont il souffrait beaucoup.

Son corps fluide, qui s'était diffusé après la mort, a
repris une forme plus compacte. Il vit dans l'obscurité
qui lui est très pénible, mais il ne souffre pas, parce
qu'il n'a ni tué ni volé. Seulement, il a quelquefois
soif parce qu'il était assez ivrogne. Il reconnaît que
la mort n'est pas ce qu'il pensait. Il ne comprend pas
bien ce qui lui est arrivé, mais s'il avait su ce qu'il sait
maintenant, il ne se serait pas tant moqué du curé. Je
lui propose de le faire revivre. « Ah, c'est pour le
coup que je t'aimerai ! »

Les ténèbres dans lesquelles il était plongé ont fini
par être sillonnées de quelques lueurs, il a eu l'inspiration de se réincarner dans un corps de femme parce
que les femmes souffrent plus que les hommes et qu'il
avait à expier des fautes qu'il avait faites, en déran-
geant les filles, et il s'est approché de celle qui devait
être sa mère ; il l'a entourée jusqu'à ce que l'enfant
vînt au monde ; alors il est entré peu à peu dans le
corps de cet enfant. Jusque vers sept ans, il y avait
autour de ce corps comme une sorte de brouillard flottant, avec lequel il voyait beaucoup de choses qu'il n'a
pas revues depuis.

Cette tentative de régression de la mémoire fut
encore poussée plus loin par M. de Rochas. Le même
sujet, Joséphine, prétendit avoir été auparavant et
successivement en remontant de plus en plus vers
le passé : une petite fille morte en bas âge, un ban-
dit, un grand singe, et même d'autres animaux.
Dans les différentes séances, l'ordre et la nature
des personnalités ne changeaient pas. Et d'autres
expériences, assez nombreuses, avec d'autres sujets,
fournirent des résultats analogues.

La critique du cas qui vient d'être relaté doit porter tout d'abord sur le degré de précision et d'exactitude des souvenirs par lequel on pourrait constater sa valeur probative ; ensuite sur les circonstances plus générales pouvant également exiger pour leur explication, l'admission des existences successives ; enfin sur l'application des connaissances psychologiques ou physiologiques que l'on possède, à l'explication partielle ou totale des faits.

En premier lieu, nous remarquons que les indications géographiques sont d'une grande exactitude. De plus, l'indication du stationnement à Besançon du 7ᵉ d'artillerie, entre 1832 et 1837 a été reconnue conforme à la vérité. Au point de vue général, les attitudes, le langage, les idées, sont bien celles du personnage réel, extrêmement différent de la personnalité féminine du sujet.

Malheureusement, des renseignements que M. de Rochas put obtenir du curé de Polliat, il résulte qu'aucune personne du nom de Bourdon ne fut connue dans cette localité ; mais ce nom est très répandu dans un pays voisin, à Griège par Pont-de-Veyle (Ain). Cette circonstance enlève beaucoup de force démonstrative à ce premier souvenir.

Il en est de même, pour le second, en ce qui concerne l'oubli du nom des officiers sous les ordres desquels se trouvait Bourdon. Ces noms sont bien connus du soldat, et leur oubli complet semble difficile à admettre. Il est regrettable que des recherches dans les archives militaires n'aient pu éclaircir ce point : la présence d'un nommé Bourdon au régiment à l'époque indiquée.

Quant à la mimique et au langage observés, les études faites sur de nombreux sujets hypnotiques ont démontré qu'ils dénotent une faculté générale s'appliquant aussi bien à des personnalités imaginaires qu'à une reconstitution de personnalités réel-

les. Et en ce qui concerne les assertions de Bourdon
et des autres personnalités de Joséphine, relativement aux suites de la mort et aux réincarnations,
on peut y voir simplement un écho des conversa-
tions entendues par Joséphine chez ses maîtres spirites, ou un reflet des propres idées de l'expérimentateur mêlées aux autres réminiscences.

M. de Rochas affirme que les sujets, dans cet
état particulier de l'hypnose, sont rebelles à la suggestion ; on ne peut donc pas la faire intervenir.
Mais ne pourrait-on pas admettre l'intervention
d'une faculté qui n'a pas encore été signalée positivement : la lucidité mnémonique externe, c'est-à-
dire la faculté de lire dans une mémoire étrangère,
s'exerçant chez le sujet hypnotisé. Nous connaissons bien la suggestion, qui fait agir la pensée de
l'expérimentateur sur le sujet ; et aussi l'inverse :
la connaissance par le sujet de pensées étrangères
non exprimées physiquement. Mais sommes-nous
sûrs que cette lucidité psychique n'a pas d'autres
formes ? De même qu'elle permet au sujet de fouil-
ler des replis ignorés de sa propre mémoire, on
peut admettre qu'elle le mette en mesure, dans certains cas, de lire dans la mémoire d'autrui. Celui
qui fournirait les matériaux de cette lecture n'en
aurait pas conscience ; et celui qui lirait, n'ayant
aucun point de repère pour départager ce qu'il tire
de son propre fonds de ce qu'il emprunte à un fonds
étranger, rapporterait tout à sa propre personnalité.

Les limites de cette faculté seraient assez difficilement appréciables ; peut-être ne compren-
draient-elles que certaines manières de penser, certaines connaissances générales, plutôt que des faits
précis ? Du reste, quelle que soit la forme de la
lucidité psychique qui s'adresse à la mémoire somnosale, elle n'en tire que des connaissances d'ordre

plutôt inférieur, et ne produit rien de comparable aux inspirations du génie [1], en dehors de l'état normal conscient.

Il pourrait donc se faire, dans le cas que nous examinons, que le colonel de Rochas ait fourni lui-même au sujet, à l'insu de celui-ci et au sien propre, les éléments de la personnalité militaire ; et que Joséphine ait pu tirer les renseignements circonstanciés donnés par Bourdon sur les débuts et la fin de sa vie de quelque conversation entre paysans entendue, puis oubliée. Nous savons que beaucoup de choses s'inscrivent dans notre mémoire par une simple audition mais ne peuvent être rappelées, dans les circonstances ordinaires des fonctions psychiques.

Nous ne présentons pas, du reste, l'explication des faits que nous venons de formuler comme devant être préférée à l'hypothèse de la simple régression mnémonique. Nous voulons seulement montrer combien il est plus difficile de démêler l'erreur et la vérité, lorsque ces faits manquent de la précision qu'on trouve dans les prévisions d'événements qui se réalisent en temps et lieu.

Ainsi cette régression semble tout à fait régulière et exacte en ce qui concerne la mémoire ordinaire ; mais il n'en est pas de même relativement au temps antérieur, à la vie présente. A part quelques réminiscences extrêmement étonnantes, on retrouve dans les récits obtenus tous les caractères particuliers des communications médiumniques. Si le caractère incohérent et douteux qui en résulte ne permet pas de leur reconnaître une valeur documentaire et probative certaine, il semble pourtant difficile

---

1. Elle semble être une simple lucidité sensorielle, pénétrant plus profondément les couches mnémoniques de l'organisme éthéral, sans qu'il en résulte un accroissement d'intelligence.

d'admettre qu'une mémoire si fidèle devienne tout
à coup dans les mêmes conditions, totalement faus-
sée [1].

Après ces expériences si intéressantes, nous ci-
terons encore le cas suivant signalé dans son ouvrage par le même auteur. Il se rapporte à Méry.

Cet écrivain avait la conviction la plus ferme d'avoir
existé plusieurs fois sur la terre. Il affirmait avoir fait
la guerre des Gaules et avoir combattu en Germanie
avec Germanicus. Il a reconnu des sites où il avait
campé jadis dans certaines vallées, des champs de ba-
taille où il avait combattu [2]. Il s'appelait alors Mincius.
Un épisode semble prouver que ces souvenirs n'étaient
pas tout entiers des mirages de l'imagination.

Un jour, dans sa vie présente, il était à Rome et vi-
sitait la bibliothèque du Vatican. Il y fut reçu par de
jeunes hommes, des novices en longue robe brune, qui
se mirent à lui parler le latin le plus pur. Méry était
bon latiniste en tout ce qui touche à la théorie et aux
choses écrites, mais il n'avait pas encore essayé de
causer familièrement dans la langue de Juvénal. En
entendant ces Romains d'aujourd'hui, en admirant ce
magnifique idiome, si bien harmonisé avec les monuments, avec les mœurs de l'époque où il était en usage,
il lui sembla qu'un voile tombait de ses yeux; il lui
sembla que lui-même avait conversé, en d'autres temps,
avec des amis qui se servaient de ce langage divin.

Des phrases toutes faites tombaient de ses lèvres; il
trouva immédiatement l'élégance et la correction; il
parla latin, enfin, comme il parle français. Tout cela
ne pouvait se faire sans un apprentissage, et s'il n'eût

1. Il est certain que pendant le travail psychique d'imagination, des souvenirs, des impressions provenant de préexisten-
ces pourraient se présenter à notre esprit, sans qu'il nous soit
possible de les reconnaître comme tels et de les distinguer de
ce qui est purement imaginaire, faute de points de repère ou
de moyens de contrôle.
2. L'aspect de ces sites doit avoir beaucoup changé et une
reconnaissance réelle semble problématique.

pas été un sujet d'Auguste, s'il n'eût pas traversé ce siècle de toutes les splendeurs, il ne se serait pas improvisé une science impossible à acquérir en quelques heures.

Nous ajouterons à ce récit quelques observations personnelles qui contribueront à son explication. J'ai eu occasion, dans ma jeunesse, d'habiter quelque temps les Etats-Unis, puis le Mexique, et d'apprendre quelque peu l'anglais et l'espagnol. Depuis longtemps, j'ai oublié presque totalement ce que j'en savais et suis absolument incapable de construire une phrase dans l'une ou l'autre de ces langues. Or il m'est arrivé quelquefois, en rêvant, de m'exprimer en espagnol ou en anglais, avec beaucoup de facilité, à mon grand étonnement et bien que mes sensations eussent bien le caractère vague du rêve. Ce phénomène, paraît-il, n'est pas rare parmi les personnes placées dans les conditions semblables à celles où je me trouve. Il a donc un caractère de généralité qui permet d'en déduire que la précision apparente des idées exprimées ou des actes n'est pas toujours l'indice d'une conscience lumineuse, mais dérive toujours d'une mémoire très précise [1].

Cette mémoire peut être ou la mémoire ordinaire, ou bien la mémoire somnosale. Celle-ci s'applique à ces cas étranges de réminiscences d'autres vies, aux facultés extraordinaires des enfants prodiges, et expliquerait aussi, s'ils sont bien réels, ces phénomènes psychologiques tout récemment décou-

---

1. L'inversion du vers bien connu de Boileau ne serait pas toujours exacte. Cet automatisme mnémonique, dont le siège serait dans l'organisme éthéral, reçoit ordinairement le nom de subconscience, expression impropre appliquée à des phénomènes dans lesquels la direction consciente a souvent une part nulle ou très réduite.

verts : des chevaux calculant, lisant, s'exprimant en langage usuel, comme s'ils empruntaient par moments une intelligence humaine.

Nous terminerons l'examen de ces faits relatifs à des souvenirs d'existences antérieures à la nôtre, par une dernière relation tirée aussi du même ouvrage de M. de Rochas.

Il y a douze ans, écrit M. G. Horster, j'habitai Hill, comté d'Effingham. J'y perdis une enfant, Maria, au moment où elle entrait dans la puberté. L'année suivante, j'allai me fixer à Dakota, que je n'ai plus quitté depuis. J'eus, il y a neuf années, une nouvelle fille que nous avons appelée Nelly, et qui a persisté à se nommer Maria, disant que c'était là son vrai nom, duquel nous l'appelions autrefois.

Je retournai dernièrement dans le comté d'Effingham pour y régler quelques affaires et j'emmenai Nelly avec moi. Elle reconnut notre ancienne demeure et beaucoup de personnes qu'elle n'avait jamais vues, mais que ma première fille Maria connaissait très bien.

A un mille se trouve la maison d'école que Maria fréquentait. Nelly qui ne l'avait jamais vue en fit une description et exprima le désir de la revoir. Je l'y conduisis et une fois là, elle se dirigea sans hésiter vers le pupitre que sa sœur occupait, me disant : « Voilà le mien. »

Ce cas est de toute beauté. Quel dommage qu'il ne soit pas appuyé par d'autres semblables, accompagnés de témoignages autorisés ! Il ne peut s'expliquer que par une mémoire réelle de la vie précédente, et une suggestion ou une lecture dans la mémoire du père de l'enfant seraient insuffisants.

Ainsi nous voyons que dans l'état hypnotique l'esprit vit à l'aise dans toutes les personnalités qui ont rapport à la vie terrestre, quelle que soit la différence qu'elles offrent avec celle du sujet.

Cette facilité d'adaptation, sa scrupuleuse exactitude,
démontrent que la mémoire somnosale, qui contient l'immense collection des souvenirs de la vie
perpétuelle, n'ignore aucune des particularités d'une
vie quelconque. Qu'elle soit mise à contribution
dans l'hypnose ou dans l'état conscient habituel,
elle semble bien fournir, en réalité, des réminiscences précises ou générales de certains actes de
vies passées plus ou moins récentes.

IX

L'esprit dans l'organisme humain
Phénomènes psychiques et spiritisme

Les phénomènes dont nous venons de citer quelques exemples font partie, ainsi que nous l'avons dit, de tout un ensemble, dont l'étude appartient à ce qu'on appelle aujourd'hui les sciences psychiques. Certains des états de l'esprit qui les déterminent sont accompagnés de troubles physiologiques. Beaucoup d'entre eux, au contraire, n'ont rien de morbide et paraissent seulement étranges, à cause de leur absence de généralité. Il en est qui laissent même au sujet toute sa conscience habituelle, et paraissent indépendants de celle-ci. Du somnambulisme et de l'hypnose profonde à la médiumnité et à la simple imagination, où l'intuition joue un rôle prépondérant, s'échelonnent chez diverses catégories de sensitifs des aptitudes particulières à la production de certains effets physiques, physiologiques ou psychiques.

Parmi ces phénomènes, nous avons déjà parlé de la suggestion, qui est une obéissance inconsciente imposée à la volonté et à l'idéation du sujet par une volonté ou une pensée étrangère, non formulée physiquement. Nous avons cité la lecture de pensée, par laquelle le sujet a connaissance de certaines idées étrangères, à l'insu de leur auteur. L'on

9

connaît encore la télépathie, qui n'est autre que les mêmes phénomènes psychiques ou physico-psychiques s'exerçant à une distance, parfois très grande, du sujet qui les produit ; la psychométrie, perception d'événements qui seraient enregistrés dans les corps matériels témoins, sans doute par une action analogue à celle qui engendre, dans l'esprit, l'enregistrement mnémonique ; l'idéoplastie, qui serait une production de formes à apparence matérielles, susceptibles de laisser des empreintes, de produire une sensation de toucher. Certains de ces phénomènes semblent indiquer l'intervention d'intelligences invisibles et indépendantes, dont il est souvent difficile d'établir l'origine ou l'identité, en la ramenant à une action psychique des expérimentateurs. Qu'il s'agisse, du reste, d'impressions lumineuses ou sonores, de perception de forme objectives, de déplacement d'objets sans contact matériel, de bruits sans cause directement assignable, la réalité de ces faits paraît aujourd'hui pouvoir être admise en toute sûreté, en dépit des fraudes et supercheries constatées dans maintes expériences.

Nous ne pousserons pas plus loin le détail de cette nomenclature et nous ne décrirons pas le mode de production des phénomènes psychiques, les difficultés de leur contrôle, les moyens employés par les divers expérimentateurs. De nombreux ouvrages ont été publiés sur ce sujet encore très confus, malgré les efforts consciencieux de quelques chercheurs savants et méthodiques autant que sincères. Nous avons déjà signalé quelques-unes de ces difficultés d'étude, auxquelles se heurtent les adeptes de la nouvelle science. Pour nous, nous bornerons notre examen des faits recueillis à quelques cas typiques, dont nous tâcherons d'établir la valeur en tant que corroboratifs de l'immortalité de l'âme.

Citons d'abord un exemple de communication

télépathique, tiré de l'ouvrage récent de M. C. Flammarion : *L'inconnu et les problèmes psychiques* ;
et fourni par M. Castex Dégrange, directeur adjoint
de l'Ecole des beaux-arts, à Lyon :

Mon beau-père, M. Clermont, docteur en médecine,
oncle du Dr Clermont, élève et ami du Dr Potain qui
vient de mourir à Paris, avait un de ses frères, père
dudit docteur, qui habitait l'Algérie.

Un matin, mon beau-père, qui n'avait d'ailleurs aucune inquiétude sur son frère qu'il savait bien portant,
était au lit.

Avant de se lever pour aller voir ses malades, il avait
l'habitude de prendre dans son lit une tasse de café au
lait. Il procédait à ce premier petit repas en causant
avec sa femme assise auprès de lui, quand il est sou-
levé violemment et rejeté sur son lit, et cela si soudai-
nement qu'il renversa tout le liquide contenu dans la
tasse.

A la même heure, il l'apprit plus tard, son frère mourait à Alger. Il était allé se baigner en mer, avait été
mordu ou piqué au tendon d'Achille, avait pris le téta-
nos, et était mort après trente heures de maladie.

Les nombreux cas de ce genre qui sont connus
fournissent la preuve des merveilleuses facultés
télépathiques que l'esprit peut mettre en jeu dans
certaines conditions. Toutefois, le présent fait ne
constituerait une preuve en faveur de la survivance
du défunt, que s'il était établi avec certitude que
le message ou l'action se produisit postérieurement
au décès. Nous allons rapporter un autre cas dans
lequel cette condition semble réalisée. Il est dû à
Mᵐᵉ d'Espérance, sujet psychique très estimé, et
fut publié dans le journal *Light* en 1905. Nous en
donnerons seulement un résumé, limité aux principaux détails, les autres étant sans importance au
point de vue qui nous intéresse.

Le 3 avril 1890, à dix heures du matin, Mᵐᵉ d'Espérance se trouvait à son bureau, à Gothembourg (Suède), occupée à écrire quelques lettres d'affaires. Elle avait posé devant elle une feuille de papier et réfléchissait avant de commencer à écrire ce qu'elle voulait faire savoir à son correspondant, lorsque à ce moment sa main traça inconsciemment, en gros caractères, les mots : Svens Stromberg.

Deux mois après, dans une séance d'expériences psychiques, une entité se disant l'esprit de Svens Stromberg se présentait, désirant, dit-il, que ses parents fussent informés de sa mort. Il disait être décédé dans le Wisconsin (États-Unis), le 13 mars, et être né à Gemtland (Suède).

Dans une séance suivante, une photographie au magnésium révéla la présence, derrière le médium, du fantôme d'un homme au visage placide et serein, contrastant avec les traits du médium bouleversés par l'éblouissement subit de l'éclair magnésique. On apprit ensuite que ce Stromberg, qui venait de se manifester ainsi, n'était pas mort dans le Wisconsin, mais à New-Stockolm (Canada). En outre la date du décès se trouvait être le 31 mars et non le 13, les chiffres ayant été intervertis, phénomène assez fréquent dans les communications médiumniques. La petite localité désignée, perdue au fond du Canada, n'était pas portée sur les cartes. Elle était complètement inconnue des assistants et du médium, aussi bien que tout ce qui touchait de près ou de loin à ce Stromberg.

Après des démarches nombreuses, pendant lesquelles une année entière s'était écoulée, on réussit à constater l'exactitude des faits révélés au médium. La photographie du défunt fut même, paraît-il, reconnue par plusieurs personnes. Il resterait donc acquis que soixante heures après sa mort survenue à New-Stockolm, dans le nord du Canada, Svens Stromberg écrivit son nom sur une feuille de papier, dans le bureau de M. Mattews Filder, à Gothembourg, en Suède.

Que l'action télépathique soit due à une transmission analogue à la télégraphie sans fil, ou à la présence même de l'esprit à l'état éthéral, ce message aurait été sûrement produit après la mort. La valeur probative de ce cas est telle qu'il suffirait à lui seul à démontrer la survivance. Mais l'importance du résultat entrevu est telle, qu'on est amené involontairement à douter quelque peu de l'exactitude de certains détails importants, malgré la bonne foi incontestable des personnes qui les ont contrôlés. Ce n'est que par le nombre aussi bien que par la qualité des documents réunis que la conviction entière pourra s'imposer.

Voici un autre cas d'un autre genre, choisi parmi d'autres d'égale authenticité. Il a été rapporté par la princesse Karadja, dont la sincérité et les facultés psychiques sont bien connues dans les milieux spirites :

L'automne passé, après avoir dessiné le portrait d'une jeune fille dans une séance médiumnique, je reçus l'ordre de mon guide[1] d'envoyer ce dessin automatique à Potsdam parce qu'il serait identifié par la comtesse de Moltke. Cela eut lieu six mois plus tard. Je ne connais pas la comtesse Gyllensward, dont il va être question, ni son amie morte ; le portrait n'aurait donc jamais été reconnu s'il était resté chez moi.

Voilà maintenant le certificat de la comtesse Gyllensward :

Je certifie par la présente avoir reconnu les traits de mon amie Mlle Hélène Dickson, dans un dessin automatique exécuté par la princesse Karadja. Mlle Dickson, native de Gothembourg, est morte le 24 février 1893. Elle ne connaissait absolument pas la princesse, qui n'avait jamais vu de portrait d'elle. Le dessin automatique avait été remis à la comtesse de Moltke, chez

1. Les spirites appellent ainsi un esprit, un être éthéral, qui serait attaché à chaque médium.

laquelle je l'ai trouvé et reconnu. Je ne connais pas personnellement la princesse Karadja.

Signé : Amélie Gyllensward, Sodertalje, Suède.
Contresigné par Ebba Piper et Eva Wathany, née Thann [1].

Il faut avouer que l'esprit humain a d'étranges facultés, que les forces physico-chimiques ne paraissent guère expliquer.

Mais les communications dont l'étrangeté atteint l'extrême limite sont celles où le message reçu est exprimé ou écrit dans une langue inconnue du médium et des assistants. M. C. Flammarion rapporte dans ses mémoires une séance qui eut lieu à Jersey, chez Victor Hugo. Charles Hugo, fils du poète, servait de médium et parmi les assistants se trouvait un Anglais, qui voulut évoquer lord Byron. Un esprit se présenta, dit qu'il était Walter Scott et qu'il se chargeait de répondre ; puis il dicta les deux vers suivants :

Vex not the bard, his lyre is broken
His last song sung, his last word spoken.

N'ennuyez pas le poète, sa lyre est brisée
Son dernier poème est chanté, sa dernière parole dite.

Il est évident que la présence d'un Anglais parmi les assistants suffirait à expliquer l'emploi de la langue anglaise, bien que le médium ne la connût pas ; de même que la présence de Victor Hugo explique la tournure littéraire du message.

Il est vrai aussi que la teneur de ce message est en opposition avec le désir des assistants, et les spirites invoquent fréquemment cette opposition comme preuve de la complète indépendance de

1. *Annales des sciences psychiques*.

l'entité communicatrice, et comme éliminant toute possibilité de suggestion.

Il ne faut pas oublier que la suggestion est un phénomène encore mal connu. De même qu'elle n'est pas toujours suivie d'obéissance, son action ne pourrait-elle pas, dans certains cas, agir à l'inverse et déterminer une idée contraire à l'idée suggérée ? De même qu'il y a des réussites, des succès, des sympathies que rien ne motive réellement et qui ne peuvent s'expliquer que par une suggestion positive, il y a aussi des échecs, des antipathies, des insuccès qui ne s'expliquent que par l'inversion, chez le sujet récepteur, d'une suggestion volontaire ou non émise sous forme de désir ou d'attente. L'opposition apparente ne serait donc pas une preuve absolue de l'absence de suggestion dans une communication médiumnique.

M. C. Flammarion estime que l'explication la plus probable est d'admettre la formation d'une personnalité reflet, engendrée momentanément par l'ensemble des personnalités présentes, mais qu'une telle explication ne s'adapte pas à tous les cas et ne suffit pas pour éliminer totalement l'hypothèse spirite.

Allan Kardec, dans un de ses ouvrages, cite une communication en langue russe obtenue à la suite de l'évocation de l'esprit d'un médecin de cette nationalité, très estimé, et décédé depuis peu. Allan Kardec ne dit pas si les assistants ignoraient cette langue. Comme beaucoup de ses disciples, l'apôtre du spiritisme attachait beaucoup d'importance à la teneur du message, et assez peu aux conditions dans lesquelles il était obtenu. Ce cas n'a donc pas de valeur sérieuse et nous le citons pour montrer la différence qui le sépare de ceux qui vont suivre, et que nous puisons dans l'ouvrage de M. A. Erny : *Le psychisme expérimental*.

Le médium anglais Eglington aurait obtenu, chez le D' Nichols un message en allemand, que l'on dut faire traduire pour en connaître le contenu.

Hugh Junior Brown, Australien dont la bonne foi et la probité seraient bien connus à Melbourne, vit un jour sa fillette, âgée de onze ans, écrire en caractères chinois en tenant le crayon d'une façon bizarre. Un Chinois, consulté, serait parvenu à lire une partie du message, assez mal écrit, et aurait expliqué que la manière de tenir le crayon employée par l'enfant était bien celle usitée en Chine.

De tels cas ne peuvent être attribués qu'à une réminiscence d'une existence antérieure si les communications sont d'ordre purement imaginaire, ou à une intervention spirite dans les cas qui admettent cette intervention. Si nous sommes environnés d'esprits, ils ne sont certainement pas parqués en nationalités; et il peut même sembler étrange que cette catégorie de messages ne soit pas plus riche.

Tout en admettant l'existence, qui ne manque pas de démonstrations, de l'esprit indestructible, il pourrait d'ailleurs se faire qu'étant à l'état pure-ment éthéral, sa présence dans notre milieu ne soit pas accessible à nos sens, même avec le secours de l'état hypnotique ou médiumnique. L'esprit ayant atteint un niveau moral et intellectuel élevé peut être entraîné, au moment de sa séparation d'avec le corps matériel, vers des régions lointaines ou bien toutes différentes, d'où aucune communication avec nous ne serait possible. Et l'esprit n'ayant pas regagné ce niveau ne pourrait-il pas être aussitôt associé à un corps nouveau, ou simplement isolé? Peut-être notre globe est-il peuplé d'une invisible multitude éthérale, vivant sans nous percevoir comme nous vivons en l'ignorant, et disparaissant dans la vie matérielle ainsi que nous dans l'inconnu de la mort? Le champ des hypothèses rationnelles

est vaste et chacune peut correspondre à quelque
réalité particulière. En tout cas, tout esprit vivant
dans notre milieu ne peut qu'être d'une nature inférieure correspondant à la nôtre. Des êtres trans-
cendants ne peuvent avoir de relations normales
qu'avec leurs semblables, dans des milieux appropriés aux conditions de vie les plus variées et les
plus parfaites ; et une régression directe de ces
esprit vers des stades inférieurs, dans le cours de
l'évolution consciente, serait contraire à toute l'économie logique de la vie. Sans doute l'esprit n'est
pas parqué tout à fait dans le groupe évolutif dont
il fait partie par sympathie et par l'ordre des temps
et des lieux. Il peut prendre contact avec des personnalités même très différentes de lui ; mais ce
contact tout momentané ne peut être que très imparfait.

Si donc il est permis de douter d'une intervention directe de l'esprit à l'état éthéral dans les phénomènes psychiques, tant que des preuves plus convaincantes ne viendront pas à l'appui de cette hypothèse,
on ne peut nier qu'elle donne, dans certains cas,
l'explication la plus simple et la plus logique des
faits. Mais il faut avoir une très grande défiance de
son exagération. Dans de nombreux cas, les facultés psychiques somnosales du médium et des assistants suffisent à éclairer l'origine des phénomènes,
sans qu'il soit nécessaire d'admettre la présence
d'esprits accourus aux appels des évocateurs. Les
prétendus messages provenant d'esprits supérieurs
sont dans ce cas. Ces déclamations emphatiques sur
la vertu et la vie imaginaire des esprits dans l'au-
delà ne sont souvent que des phrases, une rhétorique verbeuse et radoteuse, qui ne nous apprend
rien de nouveau, d'extra-terrestre, et qu'expliquent
facilement les imaginations latentes dans un groupe
spirite. Il y a longtemps que Socrate, Platon, Jésus,

nous ont quittés définitivement pour d'autres cieux
que le nôtre, et leur état actuel est incompatible
avec notre mentalité. S'il leur était permis de communiquer avec nous, ils ne pourraient le faire qu'en
redevenant de simples esprits humains, ne sachant
rien de plus que nous. Et ils se montreraient ainsi,
ressassant dans leurs discours ce que nous savons
depuis longtemps, plutôt ridicules. Ne donnant
aucune preuve certaine d'identification, alors qu'il
leur serait si facile de la fournir en employant la
langue dans laquelle ils s'exprimèrent, et que nul
dans l'assistance ne pourrait suggérer au médium,
l'intervention de ces esprits dans de telles conditions serait plus que bizarre, absurde. Aucune
de ces prétendues communications ne nous a révélé
un fait scientifique imprévisible, même de la plus
mince importance, une idée vraiment neuve, qui
n'ait pas été tirée de l'ambiance où des cerveaux
tout terrestres l'avaient déjà répandue par la parole
ou l'écriture. Et quant aux relations entre vivants
et défunts, il reste à expliquer qu'elles soient si
rares et difficiles, quand les désirs de l'affection sont
si énergiques, quand tant d'esprits pullulent autour
de nous, que les signaux typtologiques pourraient
révéler si facilement. Des essais de correspondances
croisées, partageant entre plusieurs médiums éloignés les uns des autres le texte d'une même cor-
respondance d'outre-tombe, devaient fournir des
preuves convaincantes de l'hypothèse spirite ; ils
ont, jusqu'à présent, échoué.

L'affirmation du spiritisme (nous parlons maintenant du spiritisme raisonné, éclairé) d'avoir réussi
à jeter un pont sur l'abîme qui nous défend l'accès
de l'immortalité, est donc encore prématurée. La
plupart des preuves avancées paraissent plutôt il-
lusoires. Et si les faits psychiques que nous avons
cités sont bien réels dans leur ensemble, ils ne sont

pas encore assez étudiés, assez précis, assez nombreux ; la rigueur de leur observation n'est pas assez démontrée pour justifier ce résultat d'une importance sans égale : la certitude expérimentale de notre immortalité.

Les travaux, les expériences qui ont pour objet le développement des sciences psychiques ne font donc que préparer la lumière future ; elle ne brille pas encore. D'autre part, quelle que soit la force des arguments de la raison, la nature humaine est trop profondément engagée dans la matière pour qu'une certitude purement philosophique puisse lui suffire. Il lui faut des preuves tangibles de cette immortalité qu'elle entrevoit et désire. Les fondateurs des religions révélées ne l'ignoraient pas et ils ont appuyé leurs dogmes sur le miracle, le fait matériel.

Nous n'accordons plus guère d'autorité aux légendes religieuses qui nous ont été transmises. Nous connaissons par expérience combien l'homme ignorant et crédule est facile à abuser, combien il est prompt à l'erreur et à la superstition. Et nous savons, par conséquent, combien est douteux son témoignage, même quand celui qui le rapporte fut un grand esprit.

Aussi attendons-nous une autre révélation. un autre Messie, ni surnaturel ni théâtral, mais sûr. S'il n'est pas dans les lois de la nature que la terre demeure un purgatoire ou un enfer, la science, un jour, nous donnera cette certitude vers laquelle tendent tous nos désirs, et dont le tombeau garde encore si jalousement le secret. Et ce sera alors quelque monde enfant, quelque jeune planète, qui deviendra à son tour le témoin des angoisses de l'âme ensommosée.

X

Idées générales sur les états de l'esprit. — Somnose et apothéose. — Motifs de la souffrance volontairement consentie.

Après toutes les discussions auxquelles nous nous sommes appliqués au cours de cette étude philosophique, nous approchons de la conclusion que nous devons en tirer; c'est-à-dire que nous sommes arrivés à l'idée définitive que nous aurons à conserver, tant de la nature de l'esprit que du mode de succession de ses existences.

Nous avons vu s'affirmer la loi de polarisation, base universelle qui doit remplacer l'idée fausse d'unité fondamentale absolue. Toutes les formes de l'énergie physique paraissent engendrées par une seule : la force électrique, qui se définit par une polarité. L'atome éthéral et l'hypervide sont les pôles de tout ce qui est caractérisé par la forme et l'étendue, comme les pôles de la conscience se révèlent dans l'intelligence et la sensibilité ; l'âme vivant dans le sujet et par l'objet.

Il faut aussi s'habituer à l'idée des deux états opposés de l'esprit : l'état actif, la conscience ; et l'état latent ou potentiel, la mnémonie. L'emploi de ce néologisme était nécessaire pour donner une idée positive de cet état latent, qui est l'inconscience, mais non l'inactivité totale. Quand la mnémonie est complète, la mémoire est à l'état somnosal, ce qui n'entraîne pas son inertie absolue, bien que la conscience supérieure soit abolie. L'animal inférieur, qui est presque inconscient, est cependant guidé dans ses actes par une mémoire très exacte, celle qui engendre l'automatisme de l'habitude, et grâce à laquelle il peut, précisément, vivre et échapper aux causes de destruction. Si la mémoire consciente est une faculté de l'âme, la persistance de cette mémoire indépendamment de la conscience, la mnémonie, ne peut être rendue possible dans l'esprit que par l'existence de l'organisme éthéral.

L'état mnémonique, plus ou moins inconscient, peut donc déterminer des actes précis à apparence consciente, dont la source est dans une âme à l'état de somnose, et qui résultent bien d'une volonté consciente, mais différée dans le temps, indirecte et non pas immédiate. La plupart des phénomènes psychiques attribués à ce qu'on a nommé conscience subliminale et subconscience, ne sont que des manifestations de la mémoire somnosale combinée avec certaines formes de lucidité.

Au moment où commence la désomnose, la conscience, abolie pendant la somnose intégrale, apparaît d'abord comme un léger rayon lumineux, projetant sa clarté étroite sur quelques points du mécanisme mnémonique. Puis, peu à peu, à mesure que le réveil s'accentue, ce rayon s'étend, devient plus mobile, plus pénétrant. Il illumine enfin tout le champ mnémonique, en même temps que celui-ci devient plus ample et ramène au jour de la conscience les replis obscurs où dorment les archives, les souvenirs essentiels que l'esprit a conservés de son évolution précédente.

La somnose est donc le point de départ, l'échelon inférieur d'où part chaque période de la vie perpétuelle ; elle est aussi le repos bienfaisant dans

lequel l'âme se recueille à intervalles éloignés.
Sans elle, comment pourrait-on accorder cette âme
éternelle, parfaite, avec l'homme, sa barbarie, son
ignorance, son inintelligence et souvent sa méchan-
ceté ? Si l'homme est souvent pire que la bête au
point de vue moral, les conditions psycho-physiologiques d'un réveil mental inégal et partiel expliquent
bien cet état. L'hypothèse somnosale n'éprouve
aucune difficulté à faire commencer la désomnose
par une série de vies animales, dans lesquelles
l'absence presque complète d'activité psychique
fait que les personnalités rudimentaires ainsi réalisées peuvent disparaître sans laisser sur l'âme
d'autre traces que celle du réveil partiel de certaines facultés normales.

Mais cette période inférieure ne peut qu'être
très courte, tant à cause de raisons morales que
de la durée forcément assez brève de la somnose.
C'est à partir du moment où l'homme aspire enfin
à la véritable immortalité qu'il recommence à en
jouir. Une partie de plus en plus grande des actes
vitaux, qui sont en rapport avec l'essence supé-
rieurement morale de la mémoire psychique, va se
réimprimer dans l'appareil mnémonique éthéral.
Des faits nouveaux prendront la place de souvenirs
du même ordre, datant de l'évolution précédente,
et oblitérés par le temps et l'engourdissement
somnosal.

On conçoit qu'il ne soit pas nécessaire, et il serait même nuisible, que des souvenirs concrets trop
nombreux envahissent la mémoire et puissent
persister en elle. Il supprimeraient le côté intéres-
sant de la vie, l'imprévu, l'inconnu, le mystère qui
nous attirent et nous charment si souvent. Il suffit que nous conservions des idées générales directrices, avec quelques réminiscences précises d'ordre affectif surtout, auxquelles nous devrons de

constater l'impuissance de la mort à nous séparer
de ceux qui nous sont chers, pour que même dans
la vie matérielle nous retrouvions une parfaite
tranquillité d'âme avec le goût de la vie.

Mais pourquoi cette privation d'une certitude
d'immortalité qui nous éviterait tant de souffrances ? « Nous nous contenterions bien, diront quelques-uns, d'être moins heureux plus tard, pour être
moins malheureux maintenant. » Mais à combien
de souffrances ne nous exposons-nous pas de notre
plein gré pour obéir à l'attrait de connaître d'autres aspects de la vie ? Et s'il nous arrive parfois
de regretter notre curiosité, notre audace ou notre
imprudence, nous n'en suivons pas moins le penchant qui nous attire vers l'inconnu ou vers le
plus grand plaisir.

On dira aussi, avec moins de raison, que Dieu
aurait pu nous créer autrement et nous épargner
l'horreur de la mort. Nous nous sommes expliqué
sur la création, et cette idée que nous pourrions
être autres me paraît rappeler l'histoire du bâton
qui n'aurait qu'un bout. A discuter les lois de la
nature avec nos arguments de myopes ou d'aveugles, nous risquons fort de nous tromper. Si nous
pouvions en saisir l'ensemble et l'harmonie, il est
très probable que nous serions d'avis que rien n'y
pourrait être changé pour être mieux, sauf ce qu'il
serait en notre pouvoir de modifier et dont nous
sommes responsables.

L'incertitude où nous sommes relativement à
notre état futur résulte des lois majeures qui engendrent la somnose ; mais elle peut aussi s'expliquer par une raison psychologique qui ne manque
pas de valeur. La vie perpétuelle doit nous offrir
le bonheur sous toutes ses formes morales. Comment pourrions-nous avoir la jouissance complète
de cette certitude d'immortalité, si nous n'en étions

jamais privés ? Comment connaîtrions-nous l'ivresse
céleste de la résurrection, dont nous ressentons
parfois la délicieuse impression, bien atténuée,
quand la nature semble renaître au printemps
dans la gloire des beaux jours ensoleillés ? De
même que l'approche du sommeil ne nous inspire
aucune appréhension le réveil ne .ous cause au-
aucune joie. Il en serait de même et la désomnose
ne serait pour nous qu'un réveil indifférent, si
nous n'avions pas un instant d'oubli de notre heureuse destinée.

C'est seulement après la vie humaine, à partir
de la révélation sûre de son immortalité, que le
réveil de l'âme doit être de plus en plus rapide. Les
existences qui se succéderont alors seront de mieux
en mieux ordonnées, de moins en moins pénibles.
Bientôt s'achèvera la période de souffrance, car il
faut que le cycle évolutif soit conforme à la loi de
justice et de bonté comme au désir de la conscience : beaucoup de bonheur pour un peu de souffrance.

Mais si la période heureuse est longue, c'est
lorsque la désomnose commence à s'accentuer que
se font sentir les plus douloureuses tortures morales. Pour celui qui est déjà imprégné des idées de
haute moralité qui sont les plus sûres manifestations de l'âme immortelle, le spectacle de la barbarie humaine est souvent extrêmement pénible. Il
l'est d'autant plus que les tares des peuples se re-
flètent plus fidèlement dans les soi-disant élites
qui les gouvernent. Où voyons-nous organiser une
action puissante de moralisation, déclarer une
guerre acharnée à tout ce qui est gangrené par
le vice ? Chaque année. d'immenses ressources d'intelligence et de travail, des capitaux énormes sont
gaspillés par les États pour la sauvegarde de nationalités que personne ne devrait menacer. Mais

pour honorer le travail, pour protéger l'enfant et
même l'homme fait contre l'exemple pernicieux de
la paresse, du mensonge, de l'ambition criminelle
et du vice, on trouve péniblement quelques millions
souvent mal utilisés.

Heureusement, quand nos pensées s'élèvent vers
la justice naturelle, divine, nous trouvons quelque
consolation à d'affligeantes visions trop justifiées.
Nous avons dit comment les lois organiques du
corps éthéral ramènent tous les égarements indivi-
duels dans l'ordre harmonique de la vie normale.
Après l'agonie du corps matériel, quand tout ce
qui a participé dans l'organisme éthéral à des actes de raison et de vertu va se dégager des liens
terrestres dans la joie profonde de la résurrection,
le coupable voit la vie éternelle lui apparaître dans
sa radieuse réalité ; mais c'est pour mourir une seconde fois et réellement, sans recours. Il paie ainsi
sa dette à la souveraine justice, dans la mesure
où il a méprisé l'immortalité due au seul homme
de bien. Rien ne reste de lui que cette petite lueur
inextinguible qui veillait et qui va continuer à croître dans une nouvelle épreuve.

« Imaginations que tout cela ! diront les sceptiques. Pour si rationnelle et équitable qu'on fasse
une hypothèse, elle n'est toujours qu'hypothèse. »
Évidemment ; mais tout ce qui est rationnel est
possible, et c'est précisément l'irrationnel qui nous
apparaît comme limite de la toute puissance de la
nature, qui sans cela serait non pas infinie, mais
indéfinie et chaotique. Et nous tenons tout ce qui est
possible comme certain et réalisé en temps et lieu,
lorsque à la possibilité s'ajoute la nécessité morale.

Ainsi les personnalités qui disparaissent à jamais
presque tout entières sont nombreuses sur la terre.
Mais celles qui doivent survivre et y atteignent le
sommet de leur calvaire sont aussi nombreuses.

L'homme dont l'existence ne fut qu'un long mar-
tyre doit toucher au terme de ses souffrances, car
il serait inique qu'il dût attendre l'achèvement de
l'évolution humaine pour cesser de souffrir.

Les hommes au moral élevé, quels qu'ils soient,
ne peuvent qu'abandonner la terre pour un monde
en rapport avec leur état mental. Ils ne pourraient
s'y élever à un niveau sensiblement supérieur ; et
il ne paraît pas qu'un surhomme isolé, un Messie,
doive apparaître un jour sur notre petit globe. Cela
ne doit pas nous interdire d'admettre que l'esprit
puisse posséder, à l'état éthéral, la faculté de s'i-
dentifier pour un instant à un grand nombre de
formes vivantes, par lesquelles il retrouverait des
impressions, des sensations qui s'y rattachent. Ce
doit être là une source de bonheur et de puissance qui
ne peut être refusée à l'esprit suffisamment évolué.
Le groupement des êtres spiritualisés répartis dans
l'univers entier doit aussi répondre aux lois de la
sympathie, de l'affection. Et ces êtres doivent se
retrouver et se reconnaître, non seulement sous
certaines apparences matérielles qu'il peut leur
être agréable de reproduire momentanément, mais
surtout sous leur forme normale et perpétuelle
d'esprits. Les personnalités obtuses et éphémères
divisées par la haine ont alors disparu, et tous sont
réunis par l'attraction sympathique d'une identité
morale.

La somnose, qu'elle soit totale, partielle ou à ses
degrés intermédiaires, fournit donc une explication
logique des stades divers de la vie de l'esprit. Ce
sont de faibles variations momentanées de l'état
somnosal auxquelles on a donné le nom d'hypnose.
Et si l'on oppose à l'hypothèse de ce sommeil psychique la certitude que nous avons d'être éveillés
et conscients de nos actes, nous répondrons qu'une
certitude semblable existe aussi dans l'hypnose,

que l'on reconnaît cependant comme un sommeil d'ordre particulier, Sans doute notre conscience est bien réelle, mais elle n'est que partielle et souvent troublée. Hors du cercle habituel de nos pensées et de nos sensations tout devient vague ou obscur, et lorsque nous essayons d'en forcer les limites, toute l'incohérence et la nébulosité du rêve apparaissent en nous. Nous sentons que notre cerveau est une porte close, qu'entrebaille un peu, parfois, l'inspiration, mais derrière laquelle se cache un monde auquel nous sommes devenus étrangers. Pourtant, nous n'en sommes pas exilés tout entiers et certaines émotions réveillent dans notre âme comme un écho lointain d'existences autrefois vécues. La lecture de faits historiques ou le récit d'une catastrophe nous émeuvent comme si nous étions réellement présents ; la vue d'antiques monuments vivifiée par l'histoire nous reporte en des temps disparus ; le sentiment poétique, surtout, quand ses harmonies vibrent en nous dans certains souvenirs ou devant les admirables spectacles de la nature, nous apparaît comme une réminiscence des visions célestes, retrouvées dans les choses de la terre.

Quelle est donc la cause de la somnose ? Les lois psychologiques que nous connaissons vont répondre à cette question. Nous savons que la conscience, état actif de l'âme dans la connaissance, est toujours intermittente et qu'elle ne peut maintenir ses perceptions invariablement fixées sur le même objet. La conscience et la pensée sont des phénomènes psychiques essentiellement liés au mouvement ; ils ne durent, ils ne vivent que par lui. par la variabilité de leur objectif immédiat. Dès lors, si nous voulons savoir d'où la somnose tire son origine, il nous faut chercher quelle cause pourrait contraindre l'esprit parfait à l'immobilité mentale, et pour ainsi dire l'hypnotiser.

L'esprit, revenu à la perfection, jouit depuis longtemps de toutes les satisfactions que celle-ci lui
permet. Il arrive un moment où l'intérêt vif et puissant que lui inspiraient les moindres détails de la
vie transcendantale s'émousse peu à peu. Tout ce
qu'il a découvert d'essentiel, d'immuable dans la
beauté de l'univers, et qui a tant excité son admi-
ration, a perdu de sa puissance émotive. Le cercle
de la vie se rétrécit peu à peu vers le but suprême
de l'existence spirituelle. L'attraction invincible qui
entraîne l'esprit vers l'Etre en qui s'incarnent toutes les perfections de la vie et de l'amour n'a plus
de dérivatif, de contre-poids. Et par cet attrait tout
puissant s'explique rationnellement, on peut dire
aussi psychologiquement et scientifiquement, l'origine du sommeil psychique. C'est dans une con-
templation adorative incessante de l'Unique, de
l'Incomparable, que l'âme si inquiète, si mobile,
s'astreint à l'immobilité la plus complète et la plus
durable. Une seule pensée, un seul désir, une seule
sensation, la possèdent tout entière. L'enivrante
fascination est la dominatrice de ce milieu d'absolu,
où les esprits parvenus au terme de leur évolution
se rassemblent et se confondent dans leur identité
morale. Comme un torrent dont la source est iné-
puisable, les générations successives s'élèvent vers
la cime rayonnante où brille le Divin ; elles s'y
arrêtent un instant pour boire à la coupe des suprêmes félicités, puis descendent doucement, ber-
cées dans leur ivresse, vers la nuit reposante où
règne la somnose.

Cette apothéose dans laquelle l'âme s'endort,
pouvons-nous en évoquer quelque vague image ?
Tout ce que notre pensée peut créer n'est qu'humain, et que reste-t-il de l'homme à ce moment :
rien ? Non, car ce serait nous en séparer par un
abîme infranchissable, mais de nous il reste bien

peu de chose, sans doute. D'ailleurs, tous les bonheurs légitimes sont possibles dans le cours des
existences de l'esprit. Ceux qui nous sont connus :
la satisfaction du désir, la joie de l'effort qui triomphe, la recherche et le sentiment des harmonies,
ne sont peut-être pas les seuls. Quelqu'un a dit,
peut-être avec raison, que l'homme se créera à lui-
même ses paradis. Pourquoi pas, s'il s'agit de paradis relatifs ? Ainsi le contemplateur passionné
des grandioses scènes de la nature admirera les
plus belles ; celui qui a soif de science découvrira
et saura ; et peut-être le chrétien retrouvera-t-il
dans des temples idéalement ornés les saints qu'il
révère, les pompes superbes déployées en hommage
au créateur, dans ce qu'ils ont de symbolique vérité. Peut-être encore, l'esprit asservissant tout à
fait la matière créera-t-il des mondes dans lesquels
aucune des satisfactions, aucun des bonheurs com-
patibles avec la loi morale ne lui seront refusés.
Cela se peut ; et que l'on ne dise pas que ces milieux réalisant les rêves de l'esprit ne seraient
qu'hallucinations. Le réel est dans le sentiment
absolu de l'être ; et le cadre forgé par l'esprit pour
orner sa vie peut s'évanouir, lorsqu'il l'abandonne,
dans l'informe substance originelle ; il n'en serait
pas moins objectif à titre de phénomène naturel,
autant que peut l'être un bloc de rocher.

Nous sommes plus impuissants à nous représenter la félicité suprême que le misérable qui toute
sa vie a végété dans un obscur et ignoble taudis,
grelottant de froid, gémissant de faim et de souffrance, peut l'être à imaginer les somptuosités d'une
existence princière. Quel spectacle peut donc s'offrir
à l'esprit devant la Divinité ? Tout, sans doute, est
ici merveilleux et sublime. L'univers déploie ses
splendeurs, l'accord de sa structure éternelle avec
ses formes changeantes, dans les harmonieuses mé-

tamorphoses de la vie. Et en tout cela, sans doute, une divine bonté se révèle, dont nous avons pu un moment douter. Qu'ils sont loin ! ces mondes infimes et troublés, ces lymbes de l'âme, d'où monte vers Dieu la plainte douloureuse, l'appel à la pitié qui ne se perd jamais en chemin, mais n'est pas souvent aussitôt exaucé.

Au sein des plus radieuses félicités, l'âme ne rencontrerait qu'amertume si elle ne savait que tout ce mal, toutes ces douleurs, ne sont rien auprès du bonheur qu'ils achètent ; si elle ignorait que ceux qui auront souffert seront les premiers à bénir, plus tard, leur souffrance. Hier ne fut-elle pas, comme elle sera demain, parmi ces héros dont elle admire les luttes vaillantes contre les vicissitudes de la vie, les sublimes sacrifices à l'Idéal. Ne sait-elle pas que les chutes mêmes qui les attendent, dans le rêve obscur où se débat leur réveil, présagent et préparent leur victoire future ?

Alors quelle est l'œuvre la plus belle de l'art humain, acclamée par l'enthousiasme des foules, qui pourrait donner une idée des indescriptibles beautés, des suggestions inimaginables de ce drame divinement poétique de l'Esprit en marche vers la lumière et vers l'amour. Quels grandioses, quels inimitables décors sont-ils créés, étincelants de toutes les féeries de la lumière, pour encadrer l'épopée glorieuse qu'aucun poème humain ne traduira jamais. L'Energie, ce protée infatigable, peintre, machiniste, musicien, ne nous dérobe-t-elle pas jalousement les purs accords, les douces mélodies, les chants célestes dont elle fait vibrer les espaces inconnus, où se déroule l'éblouissant enchantement de l'âme ?

C'est là, dans l'apothéose éternellement renouvelée, dans l'éternelle fête de la beauté, que l'Esprit s'abandonne à l'irrésistible attraction qui le donne à Dieu, en qui va sombrer sa conscience. Mais il ne peut disparaître, même dans la félicité suprême, dans une fusion de son être en Dieu. Son corps éthéral, gardien vigilant du précieux dépôt qui lui a été confié de toute éternité, va sauver l'âme de ce néant véritable quoique divin ; et la somnose ne sera qu'un évanouissement passager. Bientôt cette âme endormie se réveillera parmi la multitude des êtres souffrants qu'elle contemplait naguère, encore charmée parfois par un vague souvenir du doux et majestueux idéal. Et l'Esprit repartira pour une nouvelle ascension, laissant derrière lui, comme un bagage inutile, tout ce qui n'est pas éternel et indissolublement attaché à lui par l'affection.

« Il y a, dira-t-on, une ombre à ce tableau de la vie perpétuelle ; c'est la douleur. Vous n'en laissez à l'esprit, il est vrai, qu'un lambeau ; et c'est celui-ci que nous portons. Mais n'est-ce pas encore de trop ? Pourquoi souffrir ? Puisque l'esprit est parfait, cette souffrance est inutile comme épreuve et elle n'est pas non plus une expiation. Alors à quelle nécessité répond-elle ? Dieu qui l'a permise ne pouvait-il pas supprimer de son œuvre cette apparence de tare ; ou bien l'âme serait-elle en réalité imparfaite ?

Nous avons dit que repoussant la création nous ne pouvons considérer l'âme comme une œuvre de Dieu, dans le sens que l'on attache à ce mot. Quant à la souffrance, on peut en donner plusieurs raisons, dont chacune suffirait à la justifier et à la faire entrer dans le cadre rationnel de la vie sans sortir de celui de la morale.

La souffrance peut s'expliquer par la nécessité de retremper la personnalité, ou plutôt l'individualité de l'âme, de la dégager de l'uniformité acquise pendant une longue période de bonheur, de lui rendre l'habitude et le goût de l'effort et de l'action. A ce titre, c'est une épreuve; épreuve utile, dans laquelle l'Esprit affirme sa dignité et son droit au bonheur. Peut-être connaissez-vous quelques-uns de ces gens égoïstes et favorisés du sort, dont la seule occupation est de varier leurs plaisirs et d'éviter la peine ? Il en est qui traversent ainsi la vie d'un air béat et le sourire aux lèvres. Vous en connaissez aussi d'autres dont l'existence est une lutte continuelle contre l'adversité, qui ont à faire preuve souvent d'énergie morale, de sentiment du devoir, d'abnégation, de résignation. Ceux-ci ne vous semblent-ils pas, mériter d'être heureux plus que les premiers, et ne sont-ils pas dignes d'être admirés quand ils portent sans fléchir leur terrible fardeau ? Si l'univers n'était qu'un vaste lieu de plaisir pour des êtres continuellement plongés dans une volupté éternelle, il serait plutôt écœurant. Et si nous sommes enclins à éviter le plus possible la souffrance, nous ne pouvons pas en méconnaître la grandeur morale.

Quant au mal qui le plus souvent est cause de la souffrance, la loi de polarisation en fait une condition du bien. Par quoi peut-on faire preuve d'énergie, de vertu, sinon par la lutte. Et celle-ci peut-elle être un tournoi puéril ou la lutte contre le bien ? Il n'y a qu'un combat dont la valeur morale s'affirme, c'est celui qui est victorieux du mal.

On peut donner encore à la souffrance une autre raison d'être, la plus haute : l'amour serait un pur instinct, une fatalité sans âme, même dans l'esprit parfait, même en Dieu, sans la liberté. Et il ne serait pas libre, sans la souffrance.

Pour le démontrer, revenons à l'Esprit. Reprenons-le au moment où il a de nouveau retrouvé la plénitude de ses facultés. L'ère heureuse qui s'est ainsi ouverte pour lui peut ne prendre fin que par sa volonté et elle n'aboutit pas forcément à la somnose. Le temps, en effet, ne lui est pas mesuré et

il efface le souvenir encombrant des faits trop loin-
tains ; l'infinie variété des existences écarte l'ennui,
et l'âme peut connaître les douceurs du repos sans
passer par l'état matériel. Elle se sait immortelle et
un sentiment profond de l'idéal éclaire et anime sa
vie. La somnose seule peut la ramener au stade inférieur de l'évolution spirituelle et rien ne l'y ex-
pose que l'acte qui l'élèvera vers la Divinité, en
franchissant les derniers degrés qui l'en séparent.

Quel sera le choix de l'Esprit ? Si la souffrance
n'existait pas, rien ne ferait équilibre à l'attrait irrésistible du bonheur suprême, et il irait sans lutte
vers un but inévitable. Le plus haut symbole vivant
de l'amour, que Dieu et l'âme réalisent, ne serait
que le triomphe ironique d'un déterminisme inflexi-
ble, véritable souverain du monde.

Mais les grands bonheurs, les bonheurs sublimes,
sont fils de la douleur. L'Esprit sait ce qui l'attend,
dans l'éloignement qu'il subira de cette présence
divine. Il pourrait, en restant ce qu'il est, la con-
templer éternellement dans la paix et la joie ; et
devant cette nuit qu'il entrevoit, dont il se souvient
peut-être, sa volonté reste indécise, signe infailli-
ble de liberté. Puis, emporté par un généreux élan,
donnant une pensée de regret aux vies heureuses
qu'il abandonne, l'esprit s'envole jusqu'à Dieu,
dont l'affection émue accepte son sacrifice. Et cet
instant a divinisé la vie et l'amour.

De combien de jours ou de combien de siècles
est faite la durée de ce moment sublime entre tous,
où les deux formes éternelles et parfaites de l'Etre
se confondent, et qui s'éteint pour l'Esprit dans la
somnose. Qui nous dira de combien l'ultime bonheur surpasse les plus pures, les plus délicieuses,
les plus ardentes de nos sensations ? Ceux-là seuls
qui ont entrevu l'amour idéal, exempt des aveugles
désirs de l'animalité, peuvent s'en faire une idée

imparfaite. Car dans cet amour, alors que l'âme pare l'objet aimé de toutes les beautés, de toutes les perfections, de toutes les pures clartés qui brillent·en elle, elle ne fait que sacrifier à une belle, mais trompeuse illusion. L'objet de cette céleste folie n'en est jamais vraiment digne. Mais quand un tel amour étreint la réalité idéale elle-même, il est au-dessus de tout ce que nous pouvons imaginer ou ressentir. Si la grossière ivresse sexuelle remue parfois notre être dans ses fibres les plus profondes, et se manifeste toujours comme la source même de la vie, c'est peut-être qu'en elle se cache un pâle reflet de l'union sacrée, vers laquelle tend notre vie et le désir de l'âme.

Mais peut-être, aussi, l'Esprit ne devient-il jamais digne de s'élever jusqu'à la Divinité. Peut-être s'arrête-t-il devant la majesté incomparable et inaccessible de l'Être suprême, vers lequel il tend toutes ses forces d'adoration. Alors, lassé de la pensée et de l'action, il s'abandonne à la somnose, dans un repos infiniment doux, comme s'il s'anéantissait dans l'Être adoré.

Cette Divinité, but suprême, cime majestueuse et immaculée vers laquelle nous emporte le vol de l'âme, est-elle réellement une individualité à jamais séparée de l'Esprit; ou bien n'est-elle que cette unité des consciences uniformisées par l'idéal commun, différenciées par les seuls souvenirs. Ces âmes innombrables, dont la vie alimente le rayonnant foyer de l'amour universel, font-elles par leur réunion dans le Parfait, la puissance suprême? Nous ne déciderons rien; mais le pôle opposé à l'imperfection, Dieu, ne peut pas ne pas être. Et cela nous suffit.

XI

Conclusion

Il nous reste maintenant à préciser l'enseignement moral qui découle logiquement des idées philosophiques par lesquelles nous avons été conduits
à admettre la vie éternelle de l'esprit.

Cette conception, que nous venons d'exposer, de
notre origine humaine et de la destinée de l'esprit,
porte en elle-même un puissant enseignement. Repoussant tout ce qui répugne à la raison, nous avons
dû reléguer au rang des fables le dogme du péché
originel et celui de la rédemption. Pour nous, la
sublime figure de Jésus crucifié, que tant de générations dressèrent vers le ciel comme un emblème
d'espérance, symbolise l'Esprit fait homme dans
son sacrifice à l'amour divin. Si le christianisme
l'avait ainsi comprise, il aurait pu devenir la plus
rationnelle et la meilleure des religions ; mais c'était
impossible.

Grâce à l'évolution de la pensée humaine, grâce
à la science, il semble que nous pouvons enfin commencer à prendre conscience de notre dignité spirituelle et aussi de notre humilité personnelle. Si
nous n'avons plus à nous croire fils de la déchéance,
pourquoi reculerions nous devant la part qui nous
incombe de ce beau sacrifice que l'esprit s'est imposé ?
Et si nous sommes pénétrés de cette idée qu'il vit

en nous, qu'il est nous, nous devons tenir à lui faire honneur dans la mesure qui est permise à l'homme.

Pour cela, il importe d'abord de réagir contre les idées fausses auxquelles la disparition de la foi chrétienne laisse le champ libre, et qui tendent à remplacer certaines erreurs par des erreurs opposées. Ainsi, il n'est pas rare d'entendre dire d'un ton désabusé : « Il n'y a pas d'âme, il n'y a pas de Dieu ; car s'ils existaient nous ne verrions pas tant de mal, de cruauté. »

Nous avons déjà traité le problème du bien et du mal et montré qu'il n'est qu'un des aspects particuliers de cette loi générale qui veut que toute chose se définisse par opposition à une autre chose. L'esprit, la conscience n'existent que par la pensée, et la pensée n'est pas autre chose que la comparaison du monde extérieur à ce monde psychique qui est en nous. Cette base psychique de comparaison, celle qui sert comme mesure de l'objet envisagé, a des limites aussi précises que le temps et l'étendue ; elle est polarisée. Dans ces conditions, la conscience ne peut que comparer une polarité à une autre polarité. Si le bien existait seul, comment pourrait-on juger qu'il est le bien ; et inversement, si le mal seul existait, comment pourrions-nous avoir une idée quelconque du bien ? En réalité, nous les voyons toujours associés, lors même que nous faisons prédominer l'un d'eux au point de ne plus considérer directement que lui.

Prétendre que dans notre milieu le mal l'emporte sur le bien, ou que la mesure de ce dernier ne saurait être étendue au delà des limites qui nous sont actuellement accessibles, serait émettre une appréciation des plus irrationnelles. Il est évident, en effet, que nos sens ne nous mettent en rapport que très imparfaitement avec certains milieux dont l'importance est pourtant énorme relativement à la constitution de l'univers. Il nous est donc impossible de nous placer exactement au point qui nous permettrait d'embrasser dans toute son étendue et son harmonie la polarité fondamentale universelle, si nous ne faisons pas appel à toutes les ressources de la raison et si nous ne comptons que sur les données sensorielles.

On ira peut-être jusqu'à dire que l'esprit pourrait tout aussi bien être organisé de manière à ne connaître que le bien. La puérilité d'une semblable imagination est évidente. C'est vouloir l'esprit et l'univers entier unité pure, absolue, par conséquent indéfinissable, impossible. comme le vulgaire bâton qui n'aurait qu'un bout [1] Dans l'hypothèse d'un système du monde basé sur cette idée, une matière inconsciente, impercevable, incompréhensible, remplirait seule l'univers, ou bien ce serait à sa place un esprit encore plus incompréhensible, informe, inconscient même. Alors, il n'y aurait pas de dualité car en somme il n'y aurait rien. Mais la loi de polarisation est une certitude puisque nous vivons et pensons et que nous ne pourrions le faire sans elle. Et c'est par elle que nous sommes conduits d'une imperfection évidente et tangible à la certitude d'une Perfection qui est alors la seule unité, non pas absolue, mais suprême.

Mais puisqu'il existe ainsi forcément dans la nature un certain mal, auquel nous nous sommes volontairement condamnés, et dont nous sommes la plupart du temps les créateurs autant que les victimes, devons-nous chercher à le supprimer ? Qu'importe, après tout, que nous souffrions ici plutôt que là, sur la terre ou sur une autre planète,

1. En dehors de la polarisation à circuit ouvert ou fermé, aucune représentation fondamentale n'est possible.

si la souffrance est inévitable. Toute recherche d'une amélioration morale qui doit inévitablement se produire à un moment donné n'est-elle pas superflue. Et au lieu de nous efforcer vers elle, ne vaut-il pas mieux s'en remettre au temps pour nous conduire au port où nous retrouverons enfin le bonheur?

Nous verserions ainsi dans le fatalisme. Il est vrai que la terre pourrait rester, pendant toute la durée de la vie organique à sa surface, un séjour de barbarie et de douleur sans que l'économie de la vie universelle en soit affectée. Au point de vue spiritualiste, celle-ci ne dépend que très peu de l'évolution matérielle. Mais notre intérêt le plus évident est de ne pas prolonger inutilement la crise douloureuse de la phase désomnosale et nous sommes maîtres, jusqu'à un certain point, de raccourcir ou d'allonger la durée de nos épreuves.

Le progrès individuel et le progrès social sont d'ailleurs solidaires. Si chaque homme était convaincu des suites inévitables qu'aura pour lui sa conduite actuelle, dans un avenir inflexiblement réglé par la justice des lois naturelles, il en résulterait certainement un progrès et une mentalité bien supérieurs à ceux que nous voyons de nos jours. D'ailleurs, l'intérêt bien entendu ne doit pas être le seul guide de nos actions. Il y a autre chose en nous que cette forme atténuée de l'égoïsme, aussi épurée qu'elle puisse devenir ; il y a cet amour de la beauté et de la grandeur morales, qui se traduit par l'idée du devoir.

Quel est-il donc, ce devoir? Le mal à combattre, afin de ne plus rencontrer le vice abject personnifié par l'homme. Il y a aussi le bien sous toutes ses formes à réaliser et à propager. Il restera toujours assez de place dans ce monde pour la souffrance que ses lois imposent, sans que nous en ajoutions d'autres par nos propres œuvres. Cette souffrance inévitable, nous pouvons la rendre noble et belle par notre courage à la supporter, et nous pouvons aussi étouffer ce cri de la brute ignoble : le plaisir à tout prix, malgré tout. Il ne faut pas oublier que si le désir du bonheur est légitime, sur la terre comme partout, il ne peut se justifier que par le mérite ; et que le mal n'a d'existence rationnelle dans la nature que pour être vaincu.

Indubitablement, d'ailleurs, la base du progrès moral est dans l'idée que l'homme doit se faire de sa propre nature et du but réel de la vie. Par l'instruction, il accélère son réveil psychique, par une éducation philosophique rationnelle, il peut éviter à celui-ci les déviations, les arrêts qui le compromettent et le retardent. En somme, l'intelligence et le sentiment doivent être cultivés avec une sollicitude égale et dans un parfait équilibre.

L'avenir de l'humanité est désormais lié à celui de la science, par laquelle il est préparé. Les découvertes de la physiologie et des sciences psychiques modifieront, amélioreront en même temps le cerveau et le corps comme la conscience. Nous pouvons être certains que le progrès moral aura son heure, après qu'un intense progrès scientifique l'aura précédé pour lui ouvrir les voies matérielles que la raison seule ne saurait frayer.

Cette heure, elle paraît pourtant encore lointaine. Une méthode d'éducation morale ne peut être rationnelle et féconde que si elle enseigne une morale puissante. Et celle-ci, nous ne le répétons jamais trop, n'est possible que par l'idée d'une justice inéluctable, absolument imprescriptible, d'une équité suprême. Elle est donc inséparable de l'éternité de l'esprit et de la Divinité.

D'un autre côté, il ne faut pas oublier que la pratique de la vertu, facile pour certains théoriciens, ne l'est pas pour tout le monde. Il est bon

de savoir que l'homme en général est incapable de
soutenir longtemps le véritable héroïsme, celui qui,
obscur et persistant, est sans compensation possible. Ceux qui sacrifient leur intérêt immédiat et
journalier au bien d'autrui, à une idée généreuse
et pour la simple satisfaction de leur conscience
sont des plus rares. Il y a peu de gens qui envi-
sagent en artistes la réalisation de la beauté morale. Et il est certain que devant les exigences pénibles du devoir, l'homme habitué à considérer la
vie comme un simple phénomène physico-chimique
sera toujours inférieur, s'il est logique, à celui en
qui se sera affermie l'espérance d'une compensation possible ou certaine, et surtout équitable, de
ses sacrifices.

Dans notre pays, si avancé dans la libération de
la conscience humaine vis-à-vis des préjugés ou des
erreurs dogmatiques, l'éducation populaire, si elle
était bien comprise, devrait placer la France à la
tête des nations au point de vue de la moralité.
Pourtant il n'en est rien. C'est que ceux auxquels
est confié le soin d'organiser cette éducation semblent ou veulent ignorer les principes sur lesquels
elle devrait être basée. Sont-ils d'accord sur un
ensemble de doctrines philosophiques susceptibles
de diriger les consciences indépendamment de
toute confession religieuse ? Il est permis d'en douter, puisque leur doctrine commune se réduit à
une vague et impuissante neutralité, incapable
d'imposer à l'enfant une forte empreinte de droi-
ture, de bonté et de raison. Connaissent-ils suffisamment, d'une manière pratique et personnelle,
la psychologie et la vie de l'ouvrier, qui forme la
masse de la nation ? On peut répondre avec certitude par la négative. Dès lors, il ne faut pas s'étonner si le résultat psychologique de leurs méthodes
d'éducation n'est pas merveilleux.

Le moment de ce progrès moral des masses populaires paraît donc encore éloigné ; et bien des vies s'écouleront dans le trouble et le doute et s'éteindront dans l'angoisse avant qu'il se réalise. Mais si l'école publique reste fermée aux vérités rationnelles de la philosophie spiritualiste, chacun de nous, dans ce siècle où le livre est à la portée de tous, peut les acquérir par l'intelligence et la réflexion.

Cette immortalité personnelle à laquelle nous aspirons, nous ne pouvons la reconquérir que par la raison, la science, le travail qui peuvent nous la démontrer, ou par la bonté, l'intégrité, l'abnégation qui peuvent la justifier. Pour nous mettre à l'œuvre, attendrons-nous que la mort, par un étrange paradoxe, nous ait ouvert les yeux, ou que d'autres sens nous aient montré Dieu ? Si nous méprisons les promesses et les preuves d'immortalité qui nous sont accessibles dans ce monde-ci, n'est-il pas à craindre qu'elles nous restent aussi étrangères dans le monde d'au delà. Equitablement, ces preuve. ne peuvent apparaître qu'aux intelligences de bonne volonté. Elles ne sauraient être réacquises, remémorées que graduellement, et la foi qui espère doit logiquement précéder la certitude qui convainc. L'évolution de l'une à l'autre ne peut que ressembler à une sorte de lente incubation, dont le résultat parfois subitement révélé peut sembler dû à une inspiration providentielle.

Sans oublier que nous ne sommes pas des anges et que nous sommes organisés pour vivre principalement sur la terre, nous pourrions nous préparer à une existence future que la raison nous montre infiniment probable, sinon tout à fait certaine. Mais la première des conditions qu'exige la perpétuité d'une personnalité, c'est que celle-ci possède un idéal de vie, dont l'absence est un indice de brièveté. Aucun de ces fantômes d'êtres que rien n'attire vers d'autres cieux et d'autres temps ne peut renaître. Les lois suprêmes d'une harmonie universelle et vivante veulent qu'elles meurent, ces personnalités psychiques que nulle pensée de résurrection ne prépare à revoir, après la nuit du trépas, la lumière des éternelles clartés.

Donc, si ces personnalités d'aujourd'hui que nous confondons avec notre esprit nous tiennent à cœur, il nous faut commencer dès maintenant à les adapter à ce milieu de spiritualité normale dans lequel la conscience peut survivre. Ne croyons pas à notre impuissance et au déterminisme absolu ; en tous temps et en tous lieux, nous avons notre part dans l'élaboration de notre destin. Et ce serait une erreur d'attendre que la vérité nous tombe du ciel, de compter qu'elle peut éclairer indistinctement celui qui la fuit comme celui qui la recherche.

C'est *après* que nous aurons compris et réalisé les conditions de l'immortalité qu'elle nous sera rendue. Ces conditions, nous pouvons les déterminer rigoureusement dans leur ensemble, car la raison qui entrevoit l'enchaînement logique des puissances régulatrices de l'univers ne peut pas être une anomalie monstrueuse et impuissante, étrangère à cet enchaînement. Il est incontestable que la conception de la vie la plus large, la plus complète, conduit à l'immortalité du principe conscient, comme il est positivement certain que toute vie qui se développe librement tend à assurer sa perpétuité. Pour l'esprit, la mort apparaît comme une métamorphose physiquement nécessaire, par laquelle un organisme avarié ou usé, instrument désormais incapable de se prêter aux exigences de l'évolution, sera remplacé par un autre mieux approprié à un stade nouveau de l'existence.

D'autre part, il est aussi d'une évidence absolue que l'intelligence, la raison, ne peuvent avoir pour objet de ramener l'esprit du plus au moins, des suprêmes aux infimes horizons. Ce rôle est dévolu aux forces physiques et biologiques, quand l'esprit s'abandonne et retourne, par le repos, au point de départ d'un nouvel essor, libérant ces forces des disciplines psychiques. Au contraire, dans cette période du cycle vital qui utilise les énergies de la conscience, celles-ci ne peuvent nous acheminer que du moins au plus, de l'imparfait au parfait, de la somnose à la conscience intégrale. Ces conditions de l'immortalité, ce sont aussi celles du progrès, et elles tendent à réaliser le libre épanouissement et la plus haute intelligence de la vie. Ce sont celles qui orientent notre marche dans la vérité et la réalité ; par elles nous allons de ce pôle de la nature inerte, inconscient et amoral, la matière, à celui qui est activité, intelligence et harmonie, dans la Divinité éternelle.

Un jour viendra certainement où aucun homme ne doutera de son immortalité, s'il la mérite. Actuellement, nous ne pouvons que tendre vers ce but toutes les forces de la conscience, les appliquer à coordonner toutes les lumières, à rassembler toutes les preuves, dont le faisceau s'accroît peu à peu. Le moment n'est peut-être plus très éloigné où la sublime et magnifique vision de nos destinées apparaîtra, non plus comme une espérance légitime, mais comme une lumineuse et bienfaisante certitude, à ceux dont l'intelligence, pourra s'élever jusqu'à elle. De l'élite des penseurs, alors unanime à proclamer sa foi dans l'avenir éternel de l'Esprit, cette certitude s'étendra sur le genre humain tout entier, par l'autorité que confèrent la science et la raison.

En attendant cette ère nouvelle dont nous voyons poindre l'aurore, nous ne saurions trop travailler à acquérir ou à développer la confiance que nous devons avoir dans notre futur destin. Nous avons dit, au début de ces pages, que le choix d'une philosophie était souvent difficile. Peut-être l'est-il moins que nous le pensions, et le critérium de ce choix est à notre portée. Celles d'entre les doctrines philosophiques qui sont les plus idéales, les plus rationnelles, les plus généreuses, celles qui en un mot sont les plus morales, sont aussi, soyons-en convaincus, les plus vraies.

TABLE DES MATIÈRES

Pages

MAYENNE, IMPRIMERIE CHARLES COLIN

LA REVUE SPIRITE

Fondée en 1858
Par ALLAN KARDEC

JOURNAL
D'ÉTUDES PSYCHOLOGIQUES

et

SPIRITUALISME EXPÉRIMENTAL

Chaque numéro, **Mensuel,** *in-8 jésus (27 × 17), comprend au moins 64 pages de texte, et des pages d'annonces réservées aux ouvrages les plus recommandés. — Les lecteurs y trouveront une suite d'articles philosophiques et moraux, des études et conférences, des extraits choisis d'auteurs en renom, des nouvelles et actualités et des comptes rendus détaillés de tous les phénomènes, expériences et ouvrages nouveaux concernant la doctrine. — Le numéro de décembre contient la couverture imprimée, le sous-titre et la table des matières pour l'année.*

Plusieurs numéros sont illustrés.

Chaque année forme un fort volume d'au moins 768 pages.

Paraît le 15 -:- PRIX DE L'ABONNEMENT -:- Le N° 1 fr.

France et colonies françaises............ **10 fr.** par an
Europe.................. .... **12 »   »**
Outre-Mer... ..,..............·............... **14 »   »**

L'Abonnement part de tout mois et se paie à l'avance.

BUREAUX : *42, rue Saint-Jacques.* — PARIS
Tél. : Gobelins 10-53.